Rund um Fischland, Darß und Zingst

W0105493

Rolf Schneider

RUND UM FISCHLAND, DARSS UND ZINGST

Streifzüge zwischen Ostsee und Bodden

mit Fotos von Therese Schneider

SCHELZKY & JEEP BERLIN

Unsere Reiseführer sind äußerst sorgfältig recherchiert und werden bis kurz vor Drucklegung laufend aktualisiert. Dennoch können wir für eventuell auftretende Fehler keine Haftung übernehmen. Sollten Sie uns aktuelle Informationen zukommen lassen wollen, so schreiben Sie uns bitte. Die Adresse finden Sie am Ende des Buches.

Farbteil

1 Ahrenshoop, Kunstkaten
2 Ahrenshoop, Reetdachgiebel
3 Altes Haus in Born
4 Blick auf die Küste des Darß
5 Steilufer bei Ahrenshoop
6 Haustür in Prerow
7 Altes Haus in Born
8 Haus und Garten in Ahrenshoop
9 Darßer Weststrand, Windflüchter
10 Darßer Weststrand, freigespülte Wurzeln

11 Darßer Weststrand
12 Wanderweg nach Wustrow
13 Strand bei Ahrenshoop
14 Zingst, Strand mit Seebrücke
15 Althagen, Zeesboot im Hafen, im Hintergrund das Räucherhaus
16 Darßer Ort, Leuchtturm
17 Wustrow, Blick vom Kirchturm auf den Saaler Bodden
18 Darßer Ort, Blick vom Leuchtturm
19 Darßer Ort, Leuchtturm

Die Deutsche Bibliothek – CIP-Einheitsaufnahme

Schneider, Rolf:
Rund um Fischland, Darss und Zingst : Streifzüge zwischen Ostsee und Bodden / Rolf Schneider. [Mit Fotos von Therese Schneider]. – Erstausg., 1. Aufl. – Berlin : Schelzky und Jeep, 1996
   (Rund um ... ; 14)
   ISBN 3–89541–116–7
NE: GT

© by Verlag Schelzky & Jeep Berlin
Fidicinstraße 29
D–10965 Berlin
Erstausgabe
1. Auflage 1996
Alle Rechte vorbehalten

Fotos: Therese Schneider, Berlin
Lektorat: Kerstin Wuchenauer, Berlin
Satzarbeiten: Frank Böttcher, Berlin
Umschlag: Design 17, Uwe Lorenz, Berlin
Farbreprographie: Bildpunkt, Berlin
Karte: Elsner & Schichor, Karlsruhe
Belichtung und Druck: Medialis, Berlin
Bindung: Herbert Hensch, Berlin

 gedruckt auf chlorfreiem, umweltfreundlichem Papier

Printed in Germany
ISBN 3-89541-116-7

INHALT

Bekenntnis   5

Anreise   9

Erkundungen auf Fischland, Darß und Zingst   13
Zugänge   13
Klockenhagen   15
Grundstückshändel   17
Wendenland   20
Heimatsprache   23
Dierhagen   25
Vom Genuß   28
Wustrow   29
Wand und Dach   39
Hohes Ufer   43
Die schönen Dinge   49
Ahrenshoop   52
Die Maler   58
Darß   62
Literarisches   76
Die Dörfer   79
Prerow   86
Zingst   94
Geschützte Natur   99
Die Städte   100

Service   107
Adressenverzeichnis   107
Ortsregister   119

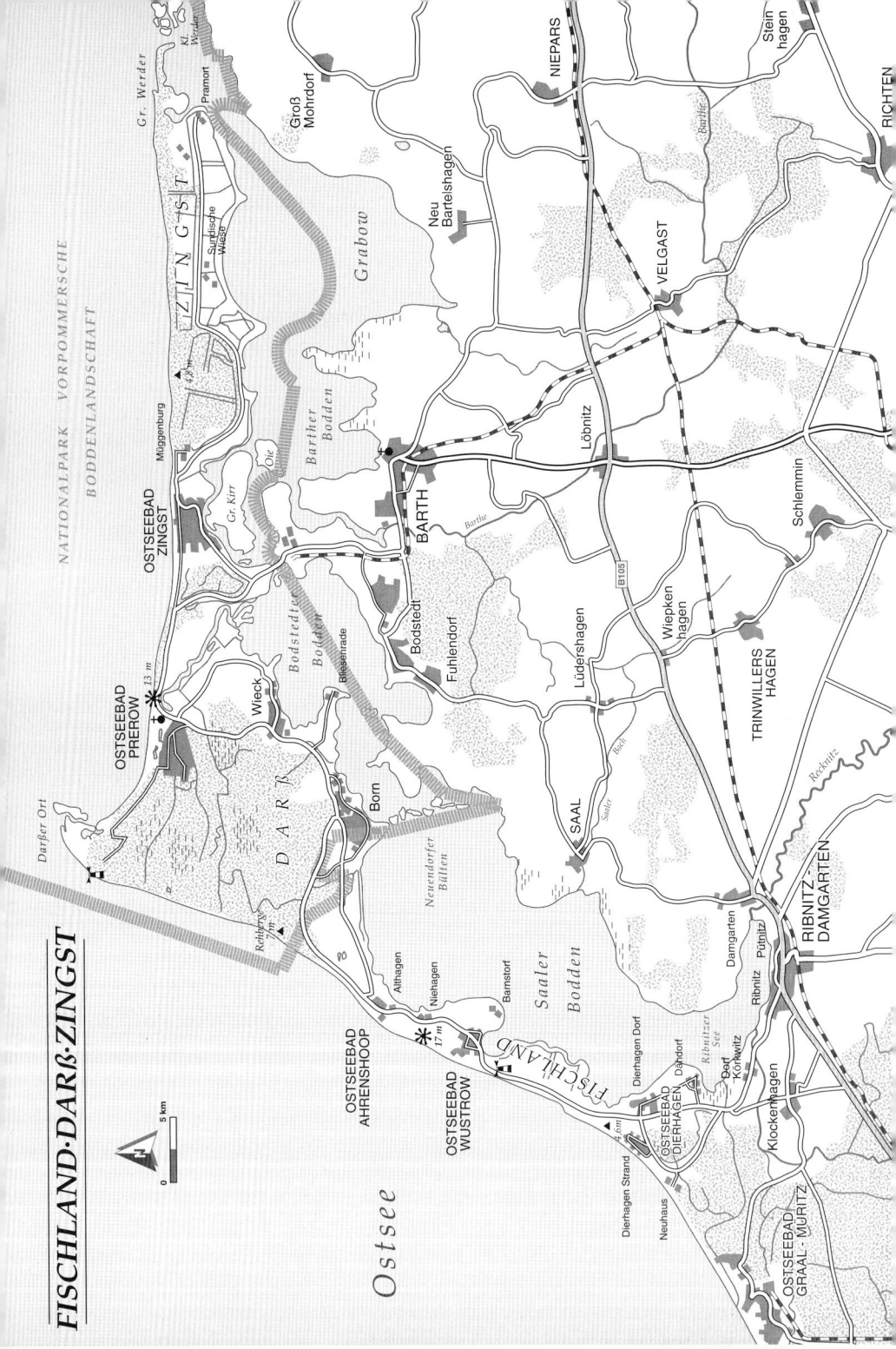

Bekenntnis

Das Fischland ist das schönste Land der Welt. Das sage ich, die ich aufgewachsen bin an einer nördlichen Küste der Ostsee, wo anders. Wer ganz oben auf dem Fischland gestanden hat, kennt die Farbe des Boddens und die Farbe des Meeres, beide jeden Tag sich nicht gleich und untereinander nicht. Der Wind springt das Hohe Ufer an und streift beständig über das Land. Der Wind bringt den Geruch des Meeres überall hin. Da habe ich die Sonne vor mir untergehen sehen, oft, und erinnere mich an drei Male, zwar unbeholfen an das letzte. Jetzt sackt das schmutzige Gold gleich ab in den Hudson.

Uwe Johnson

ANREISE

*Wie gelangt man mit dem **Auto** nach Fischland, Darß und Zingst?*

Ab Berlin

Für den Berliner ist der schwierigste Part der Beginn: Er muß die Stadt verlassen. Er muß sie verlassen können. Wenn er Pech hat, kann das dauern.

Vom Westteil aus fährt man am besten über den Stadtring (A 100) und den Autobahnzubringer Tegel (A 111) Richtung Hamburg, dann auf dem Berliner Ring (A 10) Richtung Hamburg/Rostock bis zum Autobahndreieck Havelland und dann auf der A 24 weiter, immer noch Richtung Hamburg/Rostock. Ostberliner fahren günstiger über den Autobahnzubringer Pankow (A 114) auf den Berliner Ring gleichfalls bis Autobahndreieck Havelland. Ostberliner mit der Herkunft Lichtenberg oder aus südlicheren Stadtteilen können ebenso die Autobahnauffahrten Vogelsdorf oder Rüdersdorf benutzen.

Die Abzweigung von der Autobahn Richtung Hamburg erfolgt beim Dreieck Wittstock. Gewöhnlich ist das Fahren hier leichter, denn der Verkehr wird nun dünner. Die Grenze zwischen Brandenburg und Mecklenburg/Vorpommern verläuft hinter der Abfahrt Wittstock und ist durch entsprechende Schilder markiert. Die A 19 führt durch Wald, über sanfte Hügel, vorbei an endlosen Feldern und blinkenden Binnengewässern.

Man verläßt die Autobahn auf der zweiten der Rostocker Abfahrten, Rostock-West. Die Küstenstraße B 105 führt, bestens ausgeschildert, weiter zum Ziel. Alles andere dann im nächsten Kapitel unseres Buches. Die B 105 ist überaus eng und zur Hauptverkehrszeit dicht befahren. Man muß sich abermals mit viel Geduld wappnen.

Es gibt noch eine andere Anfahrt: Auf der A 24 hinter dem Dreieck Wittstock zunächst weiter Richtung Hamburg und am Abzweig Schwerin auf der A 241 bis Ausfahrt Rampe. Dann auf der B 104 Richtung Güstrow, dahinter auf die A 19 Richtung Rostock und weiter wie beschrieben. Dieser Umweg ist ungleich länger als die erste Variante, kann aber in besonderen Fällen Zeit sparen. Im Normalfalle bringt er gar nichts.

Ahrenshoop

Ab Norddeutschland

Trotz der vergleichsweise geringen Entfernung gestaltet sich die Anreise von Norddeutschland aus recht beschwerlich: Man hat besonders lange Freude an den Landstraßen der ehemaligen DDR.

Die Hauptroute führt ab Lübeck über die B 104 über Wismar und Rostock (stark befahren) und weiter die B 105 bis kurz vor Ribnitz-Damgarten. Dort leitet der Wegweiser auf die kleine Straße nach Fischland.

Als erheblich längere, aber wahrscheinlich schnellere Alternative bietet sich die Route über die A 24 Hamburg-Berlin an. Am Abzweig Schwerin biegt man ab auf die A 241 und fährt bis zur Ausfahrt Rampe. Dort führt die B 104 Richtung Güstrow, wo man auf die A 19 Richtung Rostock gelangt.

Aus Westdeutschland

Besucher aus Westdeutschland wählen am besten die A 2 Ruhrgebiet–Hannover–Berlin. Sie ist viel befahren und garniert mit zahllosen Baustellen, gleichwohl bleibt sie die kürzeste Verbindung. Beim BAB-Dreieck Werder muß man auf die A 10 Berliner Ring Richtung Hamburg/Rostock abbiegen. Am Dreieck Havelland wird weitergefahren in Richtung Hamburg/Rostock und der A 24 bis kurz vor Rostock gefolgt. Hier weiter wie ab Berlin beschrieben.

Aus Süddeutschland

Reisende aus Süddeutschland wählen am besten die A 9 über Nürnberg, Hof und Leipzig Richtung Berlin – oder aber über Kassel/Göttingen (A 7) nach Berlin. Hierbei biegen Sie am BAB-Dreieck Salzgitter auf die A 39 ab. So gelangen Sie in Braunschweig über die A 391 auf die A 2 nach Berlin und können sich den Empfehlungen ab Westdeutschland anschließen.

Reisende aus Ostdeutschland, gemeint sind hier die südlichen Regionen der ehemaligen DDR, müssen über den Berliner Ring fahren.

Die Entfernung Berlin-Fischland beträgt ca. 200 km. Als Fahrzeit sollten Sie zwischen drei und vier Stunden rechnen, wenn alles gut geht. Häufig geht es nicht gut, und dann kann es geschehen, daß am Ende fünf oder sechs Stunden Fahrzeit zusammenkommen. Autofahren in Ostdeutschland ist unberechenbar. Aber das hat sich inzwischen herumgesprochen.

Siedlung am Hohen Ufer

*Wie gelangt man mit der **Eisenbahn** nach Fischland, Darß und Zingst?*

Ab Berlin bieten sich zwei Möglichkeiten mit dem Zug: Falls Sie über Ribnitz-Damgarten auf den Darß reisen wollen, müssen Sie ab Bhf. Berlin-Lichtenberg und Umsteigen in Rostock mit ca 3½ Std. Fahrzeit rechnen. Nach Rostock Hbf. verkehren ab 6.56 Uhr im Zweistundenrhythmus Interregios. Dort haben Sie in der Regel guten Anschluß nach Ribnitz-Damgarten (West). Die Regionalbahn benötigt etwa 30 Min.; wenn Sie einen Interregio nutzen können, geht's schneller. Von Ribnitz-Damgarten (West) fährt ein Bus, der letzte um 19.45 Uhr. Fahrzeit nach Ostseebad Prerow ca. 60 bis 80 Min.

Erscheint Ihnen der Bahnhof Barth verlockender, so fahren Sie von Bhf. Berlin-Lichtenberg mit dem Interregio oder dem Regionalexpress über Stralsund und benutzen von dort die Regionalbahn nach Barth. Sie müssen ebenfalls etwa 3½ Std. Fahrzeit einplanen. Die Anschlüsse in Stralsund sind bis 16.00 Uhr leidlich, danach aber schlecht. Sie sollten also bis spätestens 16.00 Uhr in Stralsund sein. Der Bus von Barth nach Ostseebad Zingst benötigt 20 Min. und fährt zuletzt um 19.45 Uhr. (Für die Zeitangaben können wir leider keine Gewähr übernehmen.)

Dierhagen, am Hafen

Kommen Sie mit der Bahn **aus Westdeutschland**, so sollten Sie in jedem Fall Rostock Hbf. ansteuern, um von dort mit Umsteigen nach Ribnitz-Damgarten (West) weiterzureisen.

*Wie gelangt man mit dem **Bus** nach Fischland, Darß und Zingst?*

Ab Berlin, Zentraler Omnibusbahnhof am Funkturm (ZOB), verkehrt neuerdings regelmäßig ein Reisebus nach Fischland, Darß und Zingst. Abfahrt **nur** Samstag um 7.00 Uhr ab ZOB, Ankunft an Ahrenshoop 11.50 Uhr, an Zingst 12.35 Uhr. Rückfahrt ebenfalls **nur** Samstag ab Zingst 13.25 Uhr, ab Ahrenshoop 14.10 Uhr, Ankunft an Berlin ZOB 19.00 Uhr. Fahrpreis Normaltarif hin und zurück DM 94,-. Platzreservierung erforderlich. Reservierung und Buchung über Tel. 030/ 860 09 60.

ERKUNDUNGEN AUF FISCHLAND, DARSS UND ZINGST

ZUGÄNGE Der Eingang der hier behandelten Region liegt bei Altheide, und einen ordentlichen Ausgang zu Lande gibt es eigentlich nicht. Altheide ist eine Ortschaft an der Bundesstraße 105, die von Rostock nach Stralsund führt und die nicht erst seit dem Jahre 1990 ständig kollabiert unter viel zu vielem rollendem Blech. Das Grundwort -heide des erwähnten Ortsnamens erklärt sich durch die räumliche Nähe zur Rostocker Heide, die weiter östlich auch Gelbensander Heide heißt und ein Staatsforst mit viel Farn und mit vielen alten Bäumen ist. Die Bundesstraße 105 läuft weiter hin auf die ehemalige Kreisstadt Ribnitz-Damgarten, während in nördlicher Richtung die Straße abzweigt zum Fischland, nach Ahrenshoop und zum Darß.

Fischland und Darß sind Bestandteile einer Gruppe von Nehrungen und Inseln, denen auch Hiddensee und Rügen zugehören. Genau be-

Rundblick vom Wustrower Kirchturm zum Saaler Bodden

Hohes Ufer

sehen, setzt sich diese Küsten-
struktur in östlich-südöstlicher
Richtung immer weiter fort, mit
den Inseln Usedom und Wollin
vorm Oderhaff, um dann weiter-
zugehen bis zur Mündung von
Weichsel und Memel, bis zur
Halbinsel Hela, bis zur Kurischen
Nehrung. Die ausgefranste Gestalt
der südlichen Ostseeküste stellt
das Ergebnis einer erdgeschicht-
lich relativ jungen Entwicklung
dar, die bis heute nicht völlig zum
Abschluß gekommen ist.

Die Gegend, wie alles nörd-
liche und mittlere Europa, wurde
mehrfach von Meeren überspült.
Zurückgebliebene und bis heute
reichlich auffindbare Sedimente

beweisen das. Überhaupt ist die Ostsee in ihrer heutigen Form ein
vergleichsweise junger Meeresteil, abgeschnürt, flach und fast gezei-
tenfrei. Im Tertiär, das war vor etwa vier Millionen Jahren, schoben sich
von Skandinavien her Gletscher nach Süden, bis zu den deutschen
Mittelgebirgen. Die Eisschicht hatte im Durchmesser eine Höhe von
mehreren hundert Metern. Es gab Zwischenperioden der Erwärmung,
in denen das Eis abschmolz. Die Erdkruste senkte sich. Das Becken der
Ostsee entstand und wurde überflutet. Nach der letzten Eiszeit verblie-
ben die flachwelligen Grundmoränenlandschaften des mecklenburgischen Nordens und Ostens und die Endmoränenlandschaft der mecklenburgischen Seen.

Die heutige Gestalt der Küste und damit die Konturen der Ostsee
formten sich durch mehrfache Hebungen und Senkungen der Erdober-
fläche. Infolge der Einmündung verschiedener Flüsse wird das Wasser,
je weiter östlich es steht, immer brackiger und süßer. Der abnehmende
Salzgehalt wird durch mehrere submarine Bodenerhebungen mit-
bestimmt, eine davon ist die Darßer Schwelle. Das Wasser zwischen
vorgelagerten Inseln und eigentlichem Festland steht besonders flach.

Es heißt Bodden oder Achterwasser, bietet Platz für viele fangbare Fische und wird seit längerem durch allerlei zivilisatorische Abwässer verschmutzt.

KLOCKENHAGEN

Die Straße, die hinter Altheide zum Fischland führt, tangiert als erstes eine Ortschaft mit Namen **Klockenhagen**.

Die macht sich zunächst bloß kenntlich durch einen geräumigen Allerweltsbau, der in seiner Aufschrift mitteilt, daß er eine öffentliche Gaststätte beherbergt, und der in seiner Architektur zu erkennen gibt, daß er ein übliches Produkt realsozialistischen Bauens war. In ihm wurden einmal die zahlreichen Arbeitskräfte eines großen Agrarbetriebes verköstigt. Die Sache wäre der besonderen Erwähnung nicht wert, und Klockenhagen verdiente überhaupt keinerlei Beachtung, wenn nicht, dem erwähnten Funktionalbau zum Widerspruch, der Ort schon ziemlich alt wäre und außerdem befähigt, über seine vielhundertjährige Geschichte sinnliche Auskunft zu erteilen.

Das beginnt bereits beim Namen. Er weist die Ortschaft den Hagensiedlungen zu. Dies waren im Hochmittelalter inmitten von Waldungen entstandene Wohnstätten. Welfenherzog Heinrich der Löwe, der als erster die Angelegenheit betrieb, war interessiert an möglichst hohen Abgaben des Landes, das ihm unterstand, und entsandte deswegen reichlich Kolonisten.

Ein steter Strom deutscher Einwanderer setzte ein. Sie kamen aus Westfalen, Ostfriesland, Holstein, aus dem Rheinland, aus Gebieten zwischen Unterelbe und Weser. Immer neue Dörfer wurden gegründet, und besonders entlang der Küste entstanden sie von wilden wortelen, von wilden Wurzeln, also ohne irgendwelche zivilisatorische Voraussetzung,

Freilichtmuseum Klockenhagen

Freilichtmuseum Klockenhagen

vielmehr durch Waldrodung geschaffen auf schweren Lehmböden. Die zahlreichen Ortsnamen auf -hagen bezeugen eben diese Herkunft.

Die Gründungen erfolgten über sogenannte Lokatoren. Das waren zugewanderte deutsche Kleinadelige, die außer einem Grundbesitz von bestimmter Größe, nämlich vier Hufen, die niedere Gerichtsbarkeit und das Schulzenamt erhielten. Die Lokatoren warben jüngere Bauernsöhne für die Besiedlung. Das gewonnene Land wurde in Erbpacht bewirtschaftet und konnte vom Grundherrn nicht gekündigt werden. Die zu entrichtenden Abgaben an die Obrigkeiten waren hoch.

Die Siedler brachten aus ihrer alten Heimat das niedersächsische Hallenhaus mit. Fortan bestimmte es in seinen verschiedenen Ausprägungen die mecklenburgischen Dörfer. Hallenhaus bedeutete, daß sich zunächst alles unter einem Dache befand: Scheuer und Wohnstatt, Speicher und Stallung. Das Haus wurde als Fachwerk errichtet. Die Gefache wurden ausgefüllt mit Lehm, später auch Ziegeln, das Dach bestand aus Stroh.

Man kann solche Häuser noch heute auf mecklenburgischen Dörfern vorfinden, und besonders reichlich stehen sie in Klockenhagen. Es wurde nämlich hier ein förmliches **Freilichtmuseum** des dörflichen

Freilichtmuseum Klockenhagen

Wohnens angelegt, im Jahre 1970, als der letzte Besitzer eines um 1700 entstandenen Hallenhauses seine Wohnstatt aufgab und für museale Zwecke zur Verfügung stellte. Auf dem Grundstück existierte außer einem Ziehbrunnen noch eine Scheune, die um 1800 entstanden war. Es wurden dann aus anderen Dörfern der Region weitere alte Gebäude herbeigeschafft, aus Rossen etwa und aus Stäbelow. So steht da heute der »Tweipott«, ein zweigeteiltes Haus, mit zwei separaten Wohnungen für Landarbeiterfamilien. Zu den jüngsten Erwerbungen zählt eine alte dörfliche Kirche mit separatem Glockenturm. Als schönstes Gebäude aber gilt rechtens jenes mit dem Schaugiebel, das laut Inschrift einmal den Margwarts gehörte, Hans und Maria, und das von 1671 stammt.

Grundstückshändel

Eberhard Tiede war bis 1989 Angestellter bei einer landtechnischen Anlagenbaufirma. Am 1. September 1990 etablierte er sich, ausgestattet mit einem ERP-Kredit, als freier Unternehmer in Ribnitz-Damgarten. Er gründete die Firma electrobau. Seine erste Arbeit war die Umgestaltung von Viehställen, sein erster Großauftrag wurde die Ausstattung des Hauses einer Schuhverkaufs-kette.

Siebzehn Monate später gehörte ihm eine Firmengruppe aus acht Betrie-ben mit einem Stammkapital von 325 000 DM. Er betätigte sich im Wärme-, Elektro-, Lüftungs- und Anlagenbau, aus anfangs zwei waren 170 Mitarbeiter geworden, darunter zehn Diplomingenieure. Er erledigte Aufträge in der Bundesrepublik, in Polen, in Kuwait, in der GUS.

Tiedes größter Auftrag wurde die Ausstattung von 2000 Wohnhäusern in Weißrußland, bestimmt für die aus Deutschland abgezogenen Truppen der GUS, Ertragsvolumen 170 Millionen. In Klockenhagen erwarb er einen umfang-reichen Landbesitz. Er wollte einen Reiterhof eröffnen samt Hotel und einer Halle für 1000 Zuschauer. Die benötigten Pferde sollte das Gestüt Groß Stieten liefern, das ebenfalls ihm gehörte. Die Zahl seiner Mitarbeiter hatte sich mittlerweile auf 200 erhöht, die Gesamtsumme seiner Investitionen allein für Neubauten auf 3,4 Millionen Mark.

Der Schuldendienst dafür brachte ihn in Schwierigkeiten. Erhoffte Bürg-schaften der Landesregierung blieben aus, seine Banken kündigten ihm die Kredite. An dem Tag, da in der Regionalzeitung eine Anzeige erschien, die sein Betriebsgelände zur Vermietung anbot, fand man ihn in einem einsamen Mecklenburger Waldstück. Mittels eines Gummischlauchs hatte er die Abgase des laufenden Motors ins Innere seines Wagens geleitet. Eberhard Tiede, 47, war tot. –

Nun benötigt das Fischland keine Rösser, um für Besucher attraktiv zu sein. Touristische Hauptmotive bleiben das Baden und das Wandern. In den sech-ziger Jahren hatte die Ortsverwaltung von Ahrenshoop zwei Bauern etliches Weideland in Küstennähe abgekauft. Darauf wuchsen die Sommerhäuser des sogenannten Millionenhügels. 1990 ließen sich die Erben der beiden Bauern von einer Lübecker Anwaltskanzlei überreden, die Restitution des Geländes zu betreiben. Der Antrag wurde in zwei Instanzen abgeschmettert. Im Ort spe-kulierte man über die Höhe der inzwischen angelaufenen Anwaltskosten.

Der Vorgang ist nicht der einzige und nicht der dramatischste Eigentums-konflikt in Ahrenshoop. Von den insgesamt 260 Häusern des Ortes wurden 230, also 90 Prozent, mit Altansprüchen überzogen, manche gleich mehrfach. In den meisten Fällen wurde den Anträgen inzwischen stattgegeben.

Berühmtheit erlangte, per Pressetext und -bild, ein Gebäude am Feldweg, dessen Eigentümer mitten im Winter das Dach abdecken ließ, um seine Mieter durch Frost und Nässe zu verjagen. Ein aus Nordböhmen stammender Umsiedler bezog 1952 ein seit acht Jahren leerstehendes Sommerhäuschen an der Dorfstraße. Im Laufe seines Arbeitslebens baute er es zu einem winterfesten Wohngebäude aus, ein Wertgutachten bezifferte seine Leistungen auf über 300 000 Mark. Nach 1989 ließ die Altbesitzerin, eine Greisin aus München, ihren Anwalt einen Schriftsatz versenden des Inhalts, die jetzigen Bewohner seien in vierzig Jahren Unrechtsstaat zu Dieben erzogen worden. Für den Fall einer Zwangsräumung drohten diese nun, das Anwesen abzufackeln.

Das römische Recht mit seinen Eigentumsgarantien trifft Gerechte wie Ungerechte, auch in Ahrenshoop. Das einstige Haus der schriftstellernden Lebensreformerin Grisebach nahe der Kirche erregte einmal die Begehrlichkeit des Chefs der Ost-CDU, Götting. Aufwendig ließ er es herrichten, die benötigten Gelder nahm er aus der Parteikasse. Als Regierungskrimineller stand er deswegen nach 1989 vor Gericht. Das Haus ging zurück an die Alteigentümer, die Familie von Bismarck.

Ahrenshooper Grund und Boden ist teuer geworden. Ein Quadratmeter Bauland kostet bis zu 450 Mark. Dächer wurden neu gedeckt, Fassaden gestrichen, Wege befestigt. Ein ortseigener Mittelstand aus Handwerkern, Kneipiers und Ladenbesitzern wuchs rasch und formulierte seine Interessen. Als in Ortsnähe eine Rehabilitationsklinik für Gehbehinderte eröffnete und Ahrenshoop überdies der Name eines Ostseeheilbades winkte, wurde auf verschiedenen Tresen eine Unterschriftenliste ausgelegt: Man wünsche keine Krüppel im Straßenbild, ihr Anblick sei geschäftsschädigend. Der Titel blieb dem Ort erspart.

Ahrenshoop hat sich seinen härenen Charme überwiegend erhalten können, vorläufig. Das läßt die vielen kleinen Tragödien vergessen, die sich ereignen und die nicht bloß auf den Namen Restitution hören. Ein Ahrenshooper Bauunternehmer mußte trotz glänzender Auftragslage Konkurs anmelden. Die zahlreichen unbezahlten Kundenrechnungen hatten ihn stranguliert. Massenhaft gehen junge Leute fort. Die Region ist dabei zu vergreisen. Schulabgänger haben Mühe, einen Ausbildungsplatz zu finden, selbst bei erstklassigem Zeugnis. Das Dienstleistungsgewerbe fängt die Arbeitskräfte nicht auf, die das Ende der Agrarwirtschaft freigesetzt hat.

Als Vorpommern noch zu Schweden gehörte, tat einer der Darßer Schmuggler, als er vor Gericht stand, den Ausspruch: »De Gesellschaft makt oft Faxen. Wi't schint stimmen wi nich tausam.« Am Realismus dieser Feststellung hat sich nichts geändert.

WENDENLAND

Die Straße läuft in nordöstlicher Richtung aus Klockenhagen fort, vorbei an Wiesen, auf denen Kühe und, manchmal, Fischreiher stehen. Es gibt die Kreuzung mit einer anderen Straße, die westlich zum Ostseebad Graal-Müritz führt und östlich nach Ribnitz-Damgarten. Graal-Müritz befindet sich schon wieder auf halbem Wege nach Rostock, und auch Ribnitz ist Festland und mit der Nehrung von Fischland, Darß und Zingst nur insofern verbunden, als es vierzig Jahre lang Verwaltungszentrum war für die Mehrzahl der Halbinselorte und heute noch Anlaufpunkt ist für viele Dampferfahrten auf dem Saaler Bodden. Nach einer umfänglichen Gebiets- und Verwaltungsreform, die das neue Bundesland Mecklenburg-Vorpommern vornahm, entstand der Großkreis Nordvorpommern mit der Kreisstadt Grimmen. Alle Orte auf Fischland, Darß und Zingst gehören ihm zu. Auch die Gemeinden auf der Halbinselgruppe haben ihre Autonomie zu großen Teilen eingebüßt. Zwar gibt es noch die einzelnen Dorfparlamente, und es gibt jeweils einen Bürgermeister, doch sämtliche wichtigen Verwaltungsfunktionen sind auf das Amt Darß-Fischland übergegangen, dessen Zentrale sich in Wustrow befindet.

Der Saaler Bodden aber ist ein vielbuchtiges Achterwasser, dessen südlichster Zipfel bei Ribnitz liegt und der eigentlich nichts anderes darstellt als das Haff eines Flusses namens Recknitz. Dieser Fluß, alte Grenzscheide zwischen Mecklenburg und Vorpommern, mündet bei Ribnitz und erreicht die offene See erst viel weiter nordöstlich, hinter der Halbinsel Zingst. Geologisch verhält sich die Sache nicht viel anders als im Falle der Oder, bloß daß eben die Recknitz viel kleiner ist und viel weniger prominent.

Von besagter Kreuzung hinter Klockenhagen verläuft die Straße nach Ribnitz durch einen schönen alten Buchenforst. Auf der anderen Seite rückt das Ufer des Bodden heran und sieht sehr dekorativ aus. Es gibt ein Klärwerk, das sich etwas abseits der Straße verhält. **Körkwitz** selbst besteht aus ein paar eher verlorenen Häusern ohne erkennbare Bedeutsamkeit. Immerhin macht sein Name, ebenso wie der von Ribnitz, darauf aufmerksam, daß er jedenfalls nicht germanisch-deutschen Ursprungs ist. Er ist vielmehr slawisch. Die Gegend, wie alles Mecklenburg und Vorpommern, wurde bis ins Hochmittelalter hinein von Wenden bewohnt.

Weide auf Fischland

Die Völkergemeinschaft der Slawen begann sich ab dem ersten nachchristlichen Jahrhundert immer mehr auszudehnen. Herkunftsregion war die Gegend zwischen Weichsel und Dnjepr, zwischen Pripjetsümpfen und den Karpaten. Entsprechend der späteren Siedlungsbewegung wird zwischen Ost-, West- und Südslawen geschieden, mit jeweils zuzuordnenden Spracheigentümlichkeiten.

Die in Gebieten des heutigen Mecklenburg-Vorpommern ansässigen Gruppen gehörten zu den Westslawen. Es handelte sich um die Völker der Obotriten, der Ranen und der Wilzen. Die Landnahme in Mecklenburg war Teil einer allgemeineren westslawischen Siedlungsbewegung, verläßliches Indiz dafür sind die Orts- und Flurnamen auf -ow und -itz. Für die Westslawen im germanisch-deutschen Gebiet kam bald die Bezeichnung Wenden in Umlauf, übrigens eine römische Entlehnung: Die Namen Vanaeta oder Veneti kommen bei antiken Autoren vor, so bei Tacitus.

Das heutige Mecklenburg-Vorpommern war fast ein halbes Jahrtausend hindurch Wendenland. Über die ersten Stadien des slawischen Vordringens ist fast nichts bekannt, über Lebensweise, Religion und Entwicklung des Sozialgefüges immerhin einiges. Konstituierende

Reusen im Saaler Bodden

soziale Einheit war demnach das Dorf. Die verbreitete Annahme, die typische westslawische Siedlungsform sei der Rundling gewesen, muß als irrig gelten. Wendische Dorfstrukturen waren vielmehr das Zeilen- und Gassendorf sowie das auf einem Hügelrücken angelegte Sackdorf.

Haus, Hof und Garten waren Eigenbesitz. Alles Weide- und Ackerland wurde gemeinschaftlich besessen und genutzt. Entscheidungen und Aufsicht über den gesamten Wirtschaftsbetrieb oblagen dem Dorfältesten oder Starosten. Es erfolgte bald jene Verfestigung ursprünglich noch mitbestimmter Amtsvollmachten, wie wir sie auch aus anderen Kulturkreisen kennen. Das Amt des Starosten wurde erblich. Der gemeinschaftliche Flurbesitz wurde aufgegeben. Die weitgehend egalitäre Dorfordnung zerbrach. Die Starosten entwickelten sich zu feudalen Gutsherren, während die übrigen Bauern formell frei blieben, aber verschiedene Formen der materiellen Abhängigkeit kannten, von der Pachtzahlung, dem Wozog, bis zu Hand- und Spanndiensten. Daneben gab es noch eine erhebliche Zahl an unfreien Knechten, den Smurden. Sie konnten verkauft werden. Es handelte sich bei alledem um reine Sklaverei.

Dörfliche Siedlungen entstanden meist in der Nähe von Burgen, die dann, in Konfliktfällen, eine Zufluchtsstätte boten. Die Burgen befanden sich bevorzugt in sumpfigen Landschaften. Den Zugang ermöglichten Bohlenwege, die leicht kontrolliert und notfalls eingeholt werden konnten. Die Burgen selbst waren kunstvolle Fortifikationen, die einen ausgezeichneten zimmermännischen Standard ihrer Erbauer bezeugten. Ihre Überreste, große Erdwälle, finden sich in Mecklenburg noch heute.

Es scheint, daß die Wenden der Viehhaltung vor der Ackerwirtschaft den Vorzug gaben. Ihre Werkzeuge zur Bodenbestellung, voran die Pflüge, waren einigermaßen primitiv. Sie betätigten sich als ausgezeichnete Tischler, gute Schmiede und höchst kunstfertige Töpfer, wie entsprechende Funde beweisen. Ihre Häuser waren strohgedeckte Lehmbauten.

Ihre Religion scheint nach einer einfachen manichäischen Ordnung funktioniert zu haben. Es gab einen guten und lichten Gott wie dessen bösen und düsteren Widerpart: Belbog und Czernebog. Auch von einer weiblichen Gottheit ist die Rede, Siwa, einem Ernte- und Fruchtbarkeitsidol. Der Name der mecklenburgischen Stadt Schwaan geht auf sie zurück.

Die großen religiösen Feste hielten sich eng an den Ablauf des Sonnenjahrs. Es existierte eine Priesterkaste, die sehr angesehen war. Weiße Rösser galten als heilige Tiere. Offenbar wurden außerdem lokale Gottheiten verehrt, die dann manchmal mit den zentralen Göttern verschmolzen. Für Obotriten und Wilzen bezeugt sind verschiedene Tempelanlagen eines Gottes namens Swantewit. Die wichtigste befand sich in Arkona auf Rügen, und eine kaum minder wichtige befand sich in Wustrow auf dem Fischland.

Heimatsprache

Die heimische Mundart der Halbinselgruppe ist niederdeutsch. Sie gehört zum Mecklenburgischen, das sich von den benachbarten Dialekten des Holsteinischen, Brandenburgischen und Hinterpommerschen in entscheidenden Eigenarten der Lautfärbung und des Wortschatzes abhebt.

Auch innerhalb des Mecklenburgischen gibt es wesentliche Differenzierungen, so daß man von einer eigenen ostmecklenburgischen Dialekt-

In Ahrenshoop

gruppe reden muß. Außerdem existieren Unterschiede gegenüber dem Vorpommerschen. Die Grenze verläuft, ganz entsprechend den einstigen politischen Vorgaben, durch den Darß.

Auffällig sind beim Fischländer Platt die relativ zahlreichen Entlehnungen aus dem Slawischen, dem Englischen, dem Niederländischen und dem Schwedischen. Sie werden teils durch die politische Geschichte, vornehmlich jedoch durch die Arbeitskontakte aus der Seefahrt erklärlich.

Einheimische untereinander, besonders auf dem Lande, benutzen überwiegend die Mundart. Die lange Zeit gehegte Überzeugung, Plattdeutsch sei eine bäuerlich-primitive Ausdrucksweise, hatte den Dialekt zivilisatorisch beträchtlich entwertet, von Entwicklungen der moderneren Lexik ferngehalten und ihn insgesamt stark zurückgedrängt.

Die Gegenbewegung setzte in Mecklenburg schon relativ früh ein, nämlich im vorigen Jahrhundert, mit der hochrangigen Belletristik von Autoren wie Fritz Reuter und John Brinkman. In diesem Jahrhundert folgten unter anderem die Bibelübersetzungen von Karl Homuth und, vor allem, Ernst Voß (»Dat Ni Testament för plattdütsch Lüd in ehr Muddersprak oewerdragen«). Homuth und Voß sind beide Mecklenburger. Sie stützen sich auf jene mundartliche Schriftsprache, wie sie sich Reuter und Brinkman geschaffen haben.

Man wird über Mecklenburger Platt nicht handeln können, ohne die linguistischen Arbeiten von Teuschert und Wossidlo zu erwähnen. Das mecklenburgische Wörterbuch, das sie zusammentrugen, stützt sich auch auf Quellen der Gegend von Fischland und Darß, denn eine ihrer Gewährspersonen war die letzte Priorin des Adelsstiftes in Barth, Katharina von Hagenow.

SCHÖNE TIEDEN

Wenn datt lütte Veilchen bleuht,
wenn de laue Lenzwind weiht,
wenn up Wischen un up Wegen
sich will nieges Leben regen
oewerall, wohen man süht,
is dat nich 'ne schöne Tied?

Wenn dat Kurn as Gold uns dücht,
wenn de Tüffel lila lücht,
wenn dat summt in Rosenbüschen,
Jungvolk danzt up greune Wischen,
wenn dat juchzt in nah und wiet,
is dat nich 'ne schöne Tied?

Wenn dat Awt in fuller Pracht
durch die welken Bläder lacht,
wenn de See ehr Psalmen singt,
dat de Schum de Dün hochspringt,
wenn int Ruhr de Wildgaus schriet,
is dat nich 'ne schöne Tied?

Wenn in Schummern Grot un Lütt
uem dat Füer tausamen sitt,
wenn de Flocken sachte fallen
und de braden Aeppel knallen,
ganz gewiß un ohne Striet
is dat uck 'ne schöne Tied!

Martha Müller-Grählert

DIERHAGEN

Die Straße verläuft weiter in Richtung Nordosten und gelangt nach **Dierhagen**, dessen Ortsname erzählt, daß es sich abermals um eine alte Gründung aus der Zeit der hochmittelalterlichen deutschen Kolonisation handelt. Dierhagen liegt zum Bodden hin, ebenso wie das unmittelbar benachbarte **Dändorf**, einstige Fischer- und Schiffersiedlungen alle

Alte Boje

beide. Außerdem gab es immerzu große Schafherden hier, und da die Landschaft, zu der sie gehören, reichlich über saure Wiesen und Moore gebietet, wurde früher auch Torf gestochen.

Der Name des Ortes leitet sich wahrscheinlich von einem großen Gestüt ab, das sich bereits in slawischen Zeiten hier befunden haben soll. Jedenfalls existierte hier im Hochmittelalter ein fürstlicher Hof, später eine Klosterwirtschaft, und stets war man mit der Tierzucht befaßt, bis hin zur Zeit des Dreißigjährigen Krieges. Vor dem Beginn der Dampfschiffahrt war Dierhagen außerdem, wie auch Dändorf, der Stammhafen einer ziemlich großen Flotte aus Segelschiffen, und besonders die Dändorfer hatten sich auf den Salztransport spezialisiert. Die Ware stammte gewöhnlich vom Festlandort Sülze, wurde von Ribnitz her mit Lastkähnen über den Bodden gebracht, danach auf Fuhrwerken nach Neuhaus und schließlich auf Segelschiffen über die Ostsee bis nach Wismar. Die Sache war überaus einträglich, und Dändorf führte deswegen den Beinamen Goldort.

Später, als solche Art Konjunktur längst vorüber war, wuchs gleich neben Neuhaus ein Badeort. Er hieß zunächst Seebad Ribnitz, denn die Gründung erfolgte von der Stadt Ribnitz aus, und das Gelände, auf dem sie stattfand, gehörte zu Ribnitz als Stadtwiese. Es war das Jahr 1928. Fünf Jahre später wurde Ribnitz genau 700 Jahre alt, und man dachte jetzt sogar daran, in der Nähe des soeben neugeschaffenen Seebades die gesamte Nehrung zu durchstechen und damit Ribnitz einen direkten Zugang zum Meer zu bescheren. Es kam nicht dazu. Das Seebad Ribnitz selbst erlebte zunächst keine rechte Konjunktur. Die setzte erst nach dem letzten Kriegsende ein, der Ort hieß jetzt Dierhagen-Strand, und die SED-Spitze errichtete für politisch bevorzugtes Personal allerlei

Dierhagen, Weg zum Hafen   Dierhagen, Hafen

Ferienhotels und Erholungsheime, das größte und schönste auf dem
Witten Barg. Seither gilt Dierhagen als eine erstklassige Freizeit-
Adresse.

Hier sollte noch angemerkt werden, daß der Bädertourismus in
Mecklenburg-Vorpommern eine durchaus traditionsreiche Angelegenheit ist. Sieht man ab von den Heilquellen, wie sie etwa in Thüringen
und in Sachsen bereits seit dem frühen 18. Jahrhundert regelmäßig
genutzt worden sind, dürfen Mecklenburg und Vorpommern sogar
beanspruchen, den ältesten institutionalisierten Badebetrieb ganz
Deutschlands zu besitzen.

Friedrich Franz I., Herzog von Mecklenburg-Schwerin, machte
im Jahre 1793 die alte Zisterziensergründung Doberan, westlich von
Rostock gelegen, zu seiner bevorzugten Sommerresidenz. Nach dem
Jahre 1795 ließ er in einiger Entfernung von Doberan und direkt an
der Küste ein Badehaus und mehrere Badehütten errichten. Das
Gelände trug den einer frommen Sage verpflichteten Namen Heiliger
Damm.

Ohne es zu wissen, hatte Herzog Friedrich Franz eine Einrichtung gestiftet, die entschieden in die wirtschaftliche Zukunft wies und sich darin vorteilhaft abhob von manchem im Land, was finstere Vergangenheit war. Viele schöne klassizistische Kurgebäude in Heiligendamm bezeugen diese ehrwürdige Historie bis zum heutigen Tag.

Dem Beispiel von Friedrich Franz sollten die Fürsten von Putbus folgen. Sie waren ursprünglich schwedische Untertanen, denn die Insel Rügen, wie alles Vorpommern, war seit dem Dreißigjährigen Krieg schwedischer Besitz. Durch den Wiener Kongreß, den die europäischen Gewinner der Kriege gegen Napoleon abhielten, um den Kontinent neu unter sich aufzuteilen, geriet Vorpommern an Preußen. Die Fürsten von Putbus, eben noch Gouverneure Stockholms und nunmehr preußische Aristokraten, errichteten ab 1818 im Zusammenhang mit dem klassizistischen Ausbau ihrer Residenz das Kurbad Putbus-Lauterbach. Es wurde der Anfang des Bädertourismus auf der Insel Rügen.

Vom Genuß

Für die Küche von Fischland und Darß gilt, vergleichbar der Folklore, daß sie prägnante und unverwechselbare Eigenarten kaum kennt. Man kann von einer mecklenburgischen Küche sprechen, welche die Küstenregionen einbegreift. Es gibt ein altes, immer wieder aufgelegtes mecklenburgisches Kochbuch, umfassend viele schwere bäuerliche Gerichte. Wollte man über sie ein Generalurteil fällen, hätte man sich zwischen den Urteilen derb und armselig zu entscheiden.

Mecklenburgs Küche ist die eines eher bedürftigen Agrarlandes von evangelischer Konfession. Die Genußfeindlichkeit des Protestantismus beginnt und endet in den Kochtöpfen. Mecklenburgische Spezialitäten sind rar, die meisten Gerichte finden sich auch anderswo im norddeutschen Raume: die fetten Braten von billigem Schweinefleisch, die Eintopfgerichte aus Birnen, Erdäpfeln und Speck. Kartoffeln und Kohl bleiben die allzeit unerläßlichen Zutaten.

Auf der Halbinselgruppe werden Fischgerichte offeriert. Üblicherweise sind sie ganz konventionell gemacht: in Butter oder Speck gebraten oder gekocht und mit Senfsauce. Die Fische sind Dorsch, Zander, Aal, Flunder und Hering. Ihr allergrößter Vorzug ist ihre Frische.

Die wenigen noch existierenden Küstenfischer haben sich in letzter Zeit prosperierende Räuchereien zugelegt. Der dort angebotene Lachs kommt

Dorfstraße in Dierhagen

freilich aus Norwegen. Meeresfrüchte und Krustentiere, die sich außerdem importieren ließen, findet man selten auf den Fischländer Speisekarten. Fischsuppen sind rar. Der Labskaus, altes Matrosenessen von Bremen bis Danzig, wird immerhin angeboten, ebenso Rote Grütze. Mit einer vierzigjährigen Verzögerung, da im unterversorgten DDR-Ferienbetrieb alles irgendwie Gegarte ganz selbstverständlich seinen reißenden Absatz fand, sind nun auch zwischen Ahrenshoop und Prerow die Eigenarten einer neuen, raffinierten, experimentierfreudigen und vor allem leichteren Küche auf ihrem eher zögerlichen Vormarsch.

WUSTROW

Über ihre letzte und längste Strecke verläuft die Straße zwischen Dierhagen und **Wustrow** schnurgerade. Rechts liegen flache Weiden, auf denen immer noch Kühe und Fischreiher stehen, links erheben sich reetgedeckte Sommerhäuser vor dem Deich und hinter dichten Sanddornhecken; vorn dreht sich behäbig eine metallene Windmühle für den Stromantrieb, maximale Leistung 200 Kilowatt. Rechts daneben tauchen die Aufbauten eines Schiffes aus der Ebene auf. Sie gehören der

Gestrandete Stinne

»Stinne«, einem zweimastigen Schoner aus Dänemark, der 1965 ganz in der Nähe gestrandet ist und, weil die Bergungskosten zu hoch waren, in den Bodden verbracht und dort festgemacht wurde. Er diente als Ferienobjekt. Inzwischen ist er völlig von Land umgeben. Man kann in ihm essen und trinken, man kann in ihm ein Hotelbett mieten, man kann sein Deck erklimmen und von dort hinausblicken auf Bodden und Schilf. Er ist Bestandteil der Silhouette von Wustrow, und gleich davor befindet sich noch die Grenze zum eigentlichen Fischland.

Früher hieß das Fischland einmal Wustrow, und Wustrow, der Ort, hieß Kirchdorf, und immer war mit Fischland oder Wustrow jenes besonders schmale Stück der gesamten Nehrung unmittelbar südlich des Vordarß gemeint. Es bot Platz für genau vier Dörfer, nämlich Barnsdorf, Kirchdorf, Althagen und Niehagen. Barnsdorf ist heute mit dem Ort Wustrow völlig verschmolzen, wie auch Althagen und Niehagen mit Ahrenshoop zusammen eine Gemeinde bilden, obschon Ahrenshoop bereits in Vorpommern liegt, während Niehagen und Althagen mitsamt allem Fischland noch zu Mecklenburg gehören. Dies ist alles ein wenig verworren und kaum noch verständlich für Fremde, die von den Einheimischen übrigens Isenbahner genannt werden oder auch Forenser, wobei der erste Name von der Eisenbahn als dem lange Zeit üblichen Transportmittel abgeleitet ist, während der zweite vom englischen foreigner kommt, was eben Fremder bedeutet.

Die Landenge am südlichen Ortseingang von Wustrow war noch im Mittelalter der Permin, ein Wasserlauf, der den Bodden direkt mit der offenen See verband. Er war darin nicht der einzige. Weiter nördlich, in Ahrenshoop, gab es außerdem den Darßer Kanal, auch de Loop genannt, und beides waren Mündungsarme der Recknitz jenseits des durch den Saaler Bodden gebildeten Haffs. Das Fischland war also damals ein veritables Eiland.

Das Ende dieser insularen Situation erfolgte willkürlich und künstlich. Man schrieb die Zeit des ausgehenden 14. Jahrhunderts. Mecklenburg war eine bedeutende politische Macht geworden vermöge seines damaligen Herzogs, der den Namen Albrecht trug und ein Sohn Heinrichs des Löwen von Mecklenburg-Wismar war, der seinerseits nicht mit dem Welfenfürsten in Braunschweig verwechselt werden darf, denn der lebte bereits zweihundert Jahre davor.

Albrecht war ein geschickter und überlegter Herrscher, ausgestattet mit dem richtigen politischen Instinkt und dadurch befähigt, bei den vielfältigen Wirren im Deutschen Reich wie auch sonst in Europa immer auf der richtigen Seite zu stehen und seine Hausmacht kräftig zu mehren. Er sollte zum Ende seiner Regierung über den gesamten Norden und Westen des heutigen Landes Mecklenburg verfügen, und das bedeutete in jener Zeit und Landschaft des unendlichen Partikularismus beeindruckend viel.

Er war mit einer Schwester des Schwedenkönigs verheiratet, und so geschah es, daß die schwedischen Notabeln während einer Staatskrise Albrecht, des Herzogs von Mecklenburg ältesten Sohn, zu ihrem neuen Herrscher erkoren. Dies geschah 1363. Albrechts Herrschaft war nicht unumstritten, und ein mächtiger Gegner war Margarete, die Königin von Dänemark und Norwegen. Sie brachte ihm schmerzhafte Niederlagen bei.

In genau jene Zeit fällt der Auftritt der Vitalienbrüder. Der Name ist französischen Ursprungs, vitailleurs, und erklärt sich daher, daß es zu den ersten Taten dieser Leute gehörte, während des Krieges zwischen Albrecht und Margarete das von den Anhängern Margaretes eingeschlossene Stockholm über die See hinweg mit Vitalien oder Viktualien,

Wustrow, Kirche

also Lebensmitteln, zu versorgen. Bei der Beschaffung zeigten sie sich nicht wählerisch. Das Zeug wurde einfach von gekaperten Handelsschiffen genommen.

Mecklenburg wollte die in seinem Einflußgebiet befindlichen Seestädte Wismar und Rostock beim Kampf gegen Margaretes Dänemark beteiligt wissen. Die beiden Städte standen unentschieden zwischen der Strategie der Hanse, der sie zugehörten und der einzig an einer passierbaren Ostsee gelegen war, und den genau gegenläufigen Forderungen ihres Feudalherrn Albrecht von Mecklenburg-Wismar. Sie entledigten sich des Problems, indem sie die Sache an die Seeräuber delegierten. Sie erklärten sich lediglich bereit, das angelandete Kapergut auf ihren Märkten gewinnbringend zu vertreiben.

Mecklenburgs Herzog fand die Entscheidung vorzüglich. Alsbald schloß er sich ihr an und überließ den Seeräubern in seinem Herrschaftsgebiet einen festen Standort, nämlich Ribnitz. Der Saaler Bodden wurde zum Rückzugsgebiet der Piraten bei etwelchen Verfolgungen, und den Zugang zum offenen Meer bildete der Permin. Später, als der Krieg entschieden war, übrigens zuungunsten der Mecklenburger, waren die Vitalienbrüder bloß noch eine lästige Plage, mit der es endlich fertig zu werden galt. Die Hanse entschloß sich zu einem erfolgreichen Vernichtungskrieg, und in diesem Zusammenhang geschah es, daß auf dem Grund des Permin mehrere sandgefüllte Schuten versenkt wurden und dieser Wasserweg somit unpassierbar war.

Dies geschah 1395. Der Permin verlandete mit der Zeit, wurde durch Sturmfluten wieder geöffnet und verlandete erneut. Immer wieder gab es Bestrebungen, ihn neuerlich und endgültig freizulegen und diesem Teil der Ostseeküste zu einem seetüchtigen Hafen zu verhelfen. Immer wie-

Wustrow, Blick vom Kirchturm

der scheiterten solche Projekte am Protest der etablierten Hafenstädte Wismar, Rostock und Stralsund, die sich die lästige Konkurrenz von Klipphäfen fernhalten wollten. Ab 1875 wurde als Schutz gegen Sturmfluten der heute noch existente Deich errichtet, der künftig alles Nachdenken über einen möglichen Wustrower Landdurchstich an der Stelle des Permin endgültig beendete und das Fischland in seiner halbinsularen Situation beließ. Der Hafen von Wustrow blieb ein schmales Becken zum Bodden hin, wo heute Ausflugsdampfer und Fischerboote anlegen.

Der Ort Wustrow existierte bereits vor der Verlandung des Permin. Die früheste Erwähnung in einer Urkunde stammt aus dem Jahre 1235, und die außerdem erschließbaren historischen Wurzeln reichen noch weiter zurück. Swante Wustrow ist ein Slawenwort, es bedeutet »heilige Insel«, und außer wegen seiner geologischen Funktion trug der Platz diesen Namen, weil sich an ihm, wie schon erwähnt, eine wendisch-heidnische Tempelanlage zu Ehren des Gottes Swantewit befand, und zwar an eben jener Stelle, wo heute die Wustrower Kirche steht. Dies ist ein Hügel, und er ist keine natürliche Erhebung, sondern eine künstliche Aufschüttung, und im Verfertigen solcher Art von Wällen, auch das wurde erwähnt, waren die Wenden sehr erprobt.

Wustrow, Seebrücke

SCHWEIGSAME LEUTE

Bis vor wenigen Jahren gab es in Wustrow noch die Börse; so hieß die regelmäßige Zusammenkunft der alten Fahrensleute an der Pastorscheune beim Hafen. Dort trafen sich die Schiffer am Vormittag und am Nachmittag und wanderten miteinander auf und ab, mit genau so vielen Schritten, wie sie es von Bord her gewohnt waren. Dabei wurden Neuigkeiten ausgetauscht. Aber der Fischländer Seemann ist kein gesprächiger Mensch. Die Worte kommen meist nur zögernd und vereinzelt, wie Tropfen, aus dem Munde, und am liebsten hat er es, wenn man schweigt. So brachte einmal ein Schiffer seinen Sommergast zur Börse mit. Der schloß sich den hin und her Wandernden an, und weil ihm das Schweigen schließlich unhöflich schien, machte er eine kleine Bemerkung über das schöne Wetter. Antwort darauf bekam er nicht, doch dem Schiffer wurde bedeutet, seinen Gast nicht wieder mitzubringen. »De Kierl, de räd't uns tau veel.«

Käthe Miethe

Das Fischland ist eine alte Seefahrerregion, und in der durch den Permin gebildeten Bucht gab es Mitte des 18. Jahrhunderts eine Schiffswerft. Im 19. Jahrhundert waren Fischländer Segelschiffe auf den Weltmeeren

Erkundungen

Schweigsame Landschaft

unterwegs, und die meisten Reedereien wurden durch Fischländer Familien gehalten. Oft waren mehrere Personen gemeinsame Eigner eines Schiffes, weshalb ein solches Unternehmen den Namen »Partenreederei« trug. Segelschiffe aus Wustrow durchbrachen Napoleons Kontinentalsperre, und ebenso verdienten sie am Krimkrieg, und zwar an beiden der in diesem Konflikte verwickelten Seiten.

Ein förmlicher Wohlstand kam auf in der rauhen und bis dahin ziemlich armseligen Gegend. Dann freilich begannen die Dampfschiffe zu fahren, von den Fischländern abfällig Stinkbüdel oder Füerfräters genannt, was alles den Siegeszug dieses neuen Transportmittels auch nicht aufzuhalten vermochte. Die Fischländer konnten die hierfür erforderlichen großen Investitionen nicht aufbringen, ihre Segelschiffahrt ging ein, und die Leute aus Wustrow, Althagen und Niehagen mußten sich fortan in Bremen und Hamburg als Matrosen anheuern lassen, wo sie übrigens sehr geschätzt wurden.

Eine machtvolle Erinnerung an die große Ära der Fischländer Segelschiffahrt war lange Zeit die Seefahrtsschule, deren großes rechteckiges Gebäude die anderen Dächer von Wustrow pompös überragt. Sie war eine Gründung aus dem Jahre 1846, hieß zunächst Großherzoglich

Insel im Saaler Bodden mit Zeesboot

Mecklenburgische Navigationsschule und bestand als maritime Ausbildungsstätte bis zum Jahre 1992, als man sie schloß. So sind die allerletzten Erinnerungen an die nautische Vergangenheit von Wustrow außer den weißen Boddendampfern, die sommers hier anlegen, um Touristen nach Ribnitz zu fahren, die Kapitänshäuser.

Dies sind langgestreckte Reihenhäuser in zumeist grundsolider Ziegelbauweise, die sich die Kapitäne von ihren ersparten Geldern errichten ließen, um darin ihren Lebensabend zu verbringen. Das Kapitänshaus ist einer von drei traditionellen Fischländer Gebäudetypen, deren beide andere, noch ältere, das Bauernhaus und die Kate sind. Wustrow besitzt einige von ihnen. Sie stehen unter Denkmalschutz und sind zumeist wohlerhalten, wiewohl nicht immer sehr sachverständig erneuert.

Pensionierte Kapitäne beschäftigten sich ganz gerne, wenn sie denn das Talent dazu besaßen, mit der Malerei. Sie schufen Abbilder ihrer einstigen Segelschiffe. Das Portraitieren von Seglern geriet dann im 19. Jahrhundert zu einer förmlichen Mode, nicht nur in Mecklenburg und nicht nur in Deutschland, sondern beispielsweise in England, und es gab schließlich professionelle Maler, die sich ausschließlich oder fast ausschließlich diesem Geschäft widmeten, man denke an ein Genie wie den Briten William Turner. Vergleichbar waren solche Maler etwa jenen von Turnierpferden, die auch keinen anderen Zweck und kein anderes Objekt kennen als eben dieses, und wer heute wissen will, wie denn die Schiffe der Partenreeder von Wustrow äußerlich beschaffen waren, muß sich nur die entsprechenden und reichlich vorhandenen Tafelbilder besehen, von denen eine größere Anzahl im Schiffahrtsmuseum von Rostock und eine kleinere Anzahl im Darßmuseum von Prerow hängen.

Althagen, Zeesboot

1869 wütete in Wustrow ein schwerer Brand. Er vernichtete viele der alten Gebäude im Ort, und da vor allem die Bauerngehöfte in der Großen Straße. Was danach neu entstand, präsentierte sich im oft peinlich imitatorischen Geschmack der Jahrhundertwende. Nach Nordwesten hin wuchs die Strandstraße, reihte Hotels, Pensionen und Cafés aneinander und endete an der Düne vor dem Sandstrand und dem offenen Meer. Dort wuchs dann nach dem politischen Ende der DDR noch eine Seebrücke. Sie ist nicht sehr lang, hat keine Aufbauten und wurde bezahlt aus Fördermitteln des Bundes. Sie hat an ihrem Ende eine Anlegestelle für Dampfer, die aber nicht benutzt werden kann, da die zu ihr hinführende Fahrrinne viel zu flach ist. Als eine etwas sonderbare Investitionsruine der postsozialistischen Art lädt sie Flaneure ein, die es schätzen, daß klare frische Luft von allen Seiten sie umweht und daß unter ihren Schritten, deutlich sichtbar zwischen den Bohlen, das bewegte Meer schäumt und schillert.

Manchmal finden auf dem Bodden vor Wustrow Zees-Regatten statt. Das Zeesboot, kenntlich an seinem braunen Segel, war das auf dem Fischland übliche Gerät für die Küstenfischer, und die gab es eigentlich

Zeese im Hafen von Althagen

mehr in Althagen und Niehagen als in Wustrow, weil Zeesfischer Matrosen waren, und in Wustrow lebten die Kapitäne. Zeesfischerei blieb Gemeinschaftswerk, denn die Boote fuhren immer zusammen aus. Am Zeesenbaum wurden die Netze ausgelegt; übliches Fanggut waren die einst reichlichen Boddenfische Zander, Plieten und Aale. Der Bodden ist inzwischen ziemlich abgefischt, die wenigen noch verbliebenen Fischer haben alle ihre motorisierten Fahrzeuge, und die Zees-Regatta auf dem Saalstedter Bodden vor Wustrow (wie auch die auf dem Bodstedter Bodden vor Prerow) dient heute vor allem der Touristen-Unterhaltung.

DER SOHN VON DER »SWART EMMA«

Schlachtermeister Moeller aus Wustrow erzählte uns von der »swart Emma« und ihrem Sohn. Emmas Mann war Fischer. Während der zwanziger Jahre packte sie den Fisch auf die Schiebkarre, die sie dann in Begleitung ihres fünfjährigen Sohnes vom Darß hinunter bis nach Wustrow schob. Sie übernachtete in Nordens Hotel und arbeitete den Preis für die Kammer ab.

Der kleine Sohn bekam zwei, drei Pfund Fisch in eine Kiepe und klapperte damit selbständig sein Viertel ab. Einmal kam er zu Frau Bradhering. »Hüt heww ick aewer ganz gaude Fisch«, empfahl der Fünfjährige seine Ware. – »Ne, min Jünging, hüt paßt mi dat gor nich, we hewwt Mangkaktäten!«, antwortete die Hausfrau.

Swart Emmas Sohn gab den Handel noch nicht auf. Der Fünfjährige hob seinen Korb und sagte warnend: »Fru Bradhiring, ick segg Sei, dat ward sei leed!« Da gab sich die Frau geschlagen und sagte: »Na, denn man tau, laat sei hier!«

Fritz Meyer-Scharffenberg

Erkundungen

Wand und Dach

Die Architekturen von Fischland, Darß und Zingst, der Küstenstädte Barth und Ribnitz-Damgarten zeigen Sakralbauten aus sieben und Profanbauten aus zwei Jahrhunderten. Am ältesten sind die beiden Stadtkirchen in Barth und Ribnitz, backsteingotische Sakralbauten aus der Zeit der hochmittelalterlichen Kolonisation und der Hanse. Die baulichen Eigenheiten beider Städte sind im übrigen austauschbar mit anderen aus der Küstenregion. Was die zwei Marienkirchen anlangt, so ist unzweifelhaft, daß sie den Vorbildern der großen Kathedralen in Städten wie Lübeck, Stralsund und Wismar folgen.

Altes Haus in Wustrow

Üblicherweise sind die Vorbilder sogar noch in den Dorfkirchen erkennbar. Die Halbinseln bieten nichts dergleichen. Ihr ältester Sakralbau ist die Seemannskirche von Prerow: ein Zeugnis protestantischen Bauens im Zeitalter des niederdeutschen Barock. Die anderen Kirchen entstanden noch später und erzählen jede auf ihre Weise von den zunehmenden ästhetischen Schwierigkeiten sakraler Architektur unter säkularen Umständen.

Die Grundmuster bäuerlichen Wohnens in der Region wurden an anderer Stelle genannt. Dies sind zunächst der Hof und der Katen. Das Freilichtmuseum von Klockenhagen präsentiert eine gesamte Palette von bemerkenswerten Beispielen, wobei bedacht sei, daß die Exponate nicht durchweg vom Fischland stammen. Der Bauernhof folgt dem niedersächsischen Muster, alles, nämlich Wohntrakt, Stallung und Scheuer, unter einem Dach zu vereinen. Das schließt die Existenz von Nebengelassen nicht durchweg aus.

Der Katen übernimmt die Eigenarten des Bauernhauses im kleineren, weil ärmeren Maßstab. Der Katen ist auch die ursprüngliche Behausung der Küstenfischer.

Die Bauweise war Fachwerk und Lehm. Das Fachwerk läßt seine niedersächsischen Ursprünge erkennen, ist aber entschieden schlichter. Schnitzereien

Decken eines Reetdaches

Alter Dorfkern von Ahrenshoop

Erkundungen

an den Balkenköpfen und die dekora-
tive Anordnung der Balken zu bedeut-
samen Mustern fehlen fast völlig.
Die Haustür ist manchmal eine Klön-
schnacktür: der obere Teil läßt sich
separat öffnen, um nachbarliche Ge-
spräche zu ermöglichen.

Beim dritten Gebäudetyp, dem
Kapitänshaus, handelt es sich um
zweistöckige Ziegelbauten, die
Anordnung zum Reihenhaus ist
häufig. Das Dach ist meist flach.
Bauernhaus und Katen haben Reetdächer.

Die Umwidmung der Orte in See-
bäder fällt in eine Zeit baustilistischer
Unsicherheit. Die Strandstraßen in
Wustrow und Zingst bieten jene auch
aus anderen Orten geläufigen Imita-
tionen klassizistischer Herrschafts-

Darßtür in Prerow

villen, deren Zweck es ist, Pensionszimmer feilzubieten. Daneben existieren die
dem Vorbild südenglischer Badeorte nachempfundenen Hotelbauten aus dem
Geiste von Regency und Victorianism. Was das zwanzigste Jahrhundert
hinzugefügt hat, offeriert dann so ziemlich sämtliche Moden zwischen Histo-
rismus und Funktionalstil, und die seit der deutschen Wiedervereinigung über
den Landstrich hinwegrollende Welle der Neuinvestitionen liefert die gängige
Postmoderne mit Glaserker, Loggia und großer Gaube. Zwischen Innsbruck
und Kopenhagen sind sie einander überall gleich.

Vornehmlich in Prerow und Ahrenshoop stehen einzelne herrschaftliche
Sommerhäuser. Hohes Ufer und Weg zum Hohen Ufer in Althagen variieren
(und diminuieren) diesen Typus bis in die realsozialistischen sechziger Jahre
hinein. Die so entstandene Siedlung ist ziemlich singulär und von daher
eigentlich erhaltenswert, aber bei den verantwortlichen Behörden scheint
noch niemand auf den Einfall gekommen zu sein, dieses Denkmal förmlich zu
schützen.

Alle hier stehenden Häuser sind reetgedeckt. Wie auch bei den älteren
Gebäuden handelt es sich in aller Regel um Krüppelwalmdächer. Walm- und

Haus in Wieck

Satteldach finden sich nur vereinzelt. Eine Zeitlang kam bei den Firsten die Verwendung von Heidekraut in Mode, setzte sich aber nicht durch. Die Gauben sind fast immer geschwungen. Die Traufe wird entweder parallel zum Boden beschnitten oder im rechten Winkel zum Dachverlauf. Den Vordergiebel schmücken oft gekreuzte Pferdeköpfe: ein germanisch-heidnisches Zeichen zur Abwehr von Sturm und Unheil.

Reet ist getrocknetes Schilf. Es wird winters am Bodden geschnitten, wenn die Ufer vereisen. Das abgetrennte Rohr wird dann gebündelt, und die Bündel werden zu Kegeln gestellt. Milde Winter, wie letzthin die Regel, verhindern den Schilfschnitt, und längst beziehen die Handwerker ihr Material aus dem Ausland, vor allem aus Ungarn.

Reetdächer sind ungemein teuer: Sie kosten etwa das Doppelte gleichgroßer Ziegeldächer. Man rechnet mit einer Haltbarkeit von sechzig Jahren, vorausgesetzt, das entstehende Moos wird regelmäßig abgeharkt. Der First bedarf einer Erneuerung schon in kürzerem Abstand.

HOHES UFER

In Wustrow beginnt seewärts ein Steilufer, das hinführt bis zur alten Ortsgrenze zwischen Althagen und Ahrenshoop, wo es dann ausläuft. Diese imposante Erhebung aus Mergel und Sand, auf der allerlei Gestrüpp wuchert, vor allem Hundsrosen und Sanddorn, in der zu Hunderten Uferschwalben brüten und an deren Fuße ständig das Wasser über Geröll spült, ist einer fortwährenden Veränderung ausgesetzt.

Gleich bei Wustrow stehen parallel zur Küste zwei aus großen Granitblöcken zusammengeworfene Wellenbrecher. Einen

Am Hohen Ufer

ebensolchen Wellenbrecher trifft man noch einmal in Althagen, und alle übrige Küste ist gekerbt und gegliedert durch die bei Althagen immer wiederkehrenden Doppelreihen aus schwarzen Holzbuhnen, bis weit über Ahrenshoop hinaus und fast den gesamten Weststrand entlang.

Fischland und Vordarß werden unentwegt von der Strömung benagt. Sie trägt die Steilküste ab, um das Abgetragene weiter nördlich an der Darßspitze wieder anzulanden. In früheren Zeiten rechnete man mit einem Rückgang der Fischlandküste um zwanzig Zentimeter pro Jahr. Inzwischen haben die Uferbefestigungsanlagen zu geringeren Rückgängen geführt, und außerdem wird regelmäßig mittels einer aufwendigen Installation, bestehend aus einem Küstenschiff und allerlei großen metallenen Röhren, eine Menge Schlick aus dem Meer gepumpt und auf dem Strand wieder entlassen. Das führt dann zu einer vorübergehenden Verbreiterung der Küste, gleichwohl ist auch dadurch der ständige Rückgang des Landes verläßlich nicht aufzuhalten, und weiterhin befindet sich die gesamte Nehrung in fortwährender Bewegung.

Ein Gang über die Höhe des Steilufers läßt landeinwärts eine Erhebung erkennen. Sie heißt Bakelberg und ist der geologisch höchste

Am Steilufer

Punkt auf dem Fischland, wiewohl natürlich die Bezeichnung »Berg« als eine arge Übertreibung erscheint. Begibt man sich dorthin, hat man den Anblick der See auf der einen und den des Boddens auf der anderen Seite. Es ist ein schönes Bild. Boddenwärts fällt das Land in einer sanften Neigung ab, hat Wiesen, Getreidefelder, Alleebäume und direkt am Boddenufer die Ortschaften Niehagen und Althagen.

Sie sind Fischer- und Bauernsiedlungen, und ein paar Familiennamen kehren in ihnen immer wieder: Fretwurst, Bradhering, Niemann, Steinort. Der in der Gegend auffindbare Ton eignet sich gut zum Brennen von Töpferwaren, und es existieren die entsprechenden Werkstätten, mit einer eigenen Tradition der Formen und der Farben. Die Luft ist feucht. Der Herbst dauert immer bis tief ins Jahr. Die Gärten zeigen sich noch farbig, wenn sie anderswo, im Binnenland, längst abgeerntet wurden und kahl sind.

Zwischen Niehagen und Althagen liegt unmittelbar am dicken Schilfsaum die Häuserreihe der Fulge, einst ein eigenes Dörfchen. Althagen hat gleichfalls einen Hafen, in dem die Boddendampfer anlegen und wo zahlreiche Bootshäuser für private Segelboote stehen, wo es aber auch Stege für den letzten noch tätigen Althäger Fischer gibt. Der

Erkundungen

Steilufer mit Nistlöchern von Uferschwalben

Hafen war bis 1990 ein etwas verwahrlostes Gelände, hat sich aber inzwischen, durch allerlei Neubauten, zu einem hübschen Platz verwandelt, mit einem Gebäude, in dem es auch Übernachtungsbetten gibt, vor allem aber eine Fischgaststätte, denn die Person des Besitzers ist identisch mit jener des letzten Althäger Fischers.

Auch sonst wird sowohl in Althagen wie in Niehagen sommers reichlich an Badegäste vermietet. Es gibt entsprechende Häuser und auch Häusergruppen von vielerlei Ausstattung zwischen bescheiden und rustikal-mondän. Eine solche Anlage heißt »Susewind« und erinnert äußerlich an ein staatliches und vielgliedriges Bauerngehöft, hält aber ausschließlich Ferienwohnungen unter dicken Schilfdächern bereit. Allen diesen Unterkünften ist gemeinsam, daß sie, wie Althagen und Niehagen selber, zum Bodden hin gelegen sind, wo wegen des dicken Schilfgürtels und der vielen darin nistenden Insekten das Schwimmen fast unmöglich ist. Man muß demnach die Chaussee überqueren und auf einer der dort angebrachten Holztreppen das Steilufer hinabklettern bis zum Strand, um sich den Genuß des üblichen Badevergnügens zu verschaffen.

Da haben es die Bewohner der jenseits der Fischlandchaussee auf dem Steilufer befindlichen Sommerhäuser näher. Die gesamte Kolonie

aus etwa hundert Gebäuden wuchs im wesentlichen zwischen den dreißiger und siebziger Jahren und war ursprünglich gedacht für Lieblinge des jeweiligen politischen Systems, nämlich für Offiziere und Wirtschaftskapitäne des Dritten Reiches, hauptsächlich aber für die staatsfromme Kulturschickeria aus der alten DDR. Die Häuser, fast alle reetgedeckt, sind inzwischen eingewachsen in dikke Sanddornhecken. Sie bieten, wie sie da stehen, das rührende Flächendenkmal einer gründlich untergangenen und keinesfalls rührenden Zivilisation.

Geschichte

Abgestürzte ehemalige Grenzbefestigung der DDR-Grenztruppen

Im Falle Mecklenburgs kehrten nach der kurzen und glanzvollen Periode von Albrecht II. und seinem Sohn, dem König von Schweden, die alten dynastischen Streitigkeiten zurück, und die Aufkunft von Raubrittern mit Namen wie Moltke, Maltzahn und Plessen führte schon bald wieder zur allbekannten partikularen Ohnmacht. Diese teilte sich auch darin mit, daß es trotz des eingeführten Prinzips der Primogenitur, also des alleinigen Erbrechts der jeweiligen männlichen Erstgeburt, immer wenigstens zwei mecklenburgische Herzöge gab, zuletzt: die von Schwerin und die von Strelitz.

· Das Fischland gehörte dem Herrschaftsgebiet Mecklenburg-Schwerin. Von Rostock aus setzte sich zur Lutherzeit der Protestantismus durch, und der Dreißigjährige Krieg verwüstete alle Landschaft. Beide Mecklenburg gaben sich danach eine Verfassung, den Landesgrundgesetzlichen Erbvergleich, der ein Monument von atemberaubender Rückständigkeit war, denn er verurteilte das Land zu anhaltendem politischen Elend.

Am Hohen Ufer

Die Leibeigenschaft wurde darin ausdrücklich bestätigt, ebenso das Recht zum Bauernlegen. Der Besitz eines Rittergutes brachte im Landtag Sitz und Stimme. Alle Steuergesetzgebung mußte dort gebilligt werden, mit dem Resultat, daß mehr als die Hälfte aller mecklenburgischen Rittergüter steuerfrei blieben. Der Landbesitz in Mecklenburg war wie folgt aufgeteilt: fürstlicher Besitz = 4/9 des Staatsgebietes; ritterschaftlicher Besitz (also jener der Gutsherren) = 4/9; und Städte =1/9. Den Gutsherren oblag auch die höhere Gerichtsbarkeit. »Wir verkünden und versprechen hiermit gleich anfangs Unserer gesamten Ritter- und Landschaft vollkommene Sicherheit und Erhaltung bei ihren Rechten, Gerechtigkeiten, Freiheiten, Vorzügen, Gebräuchen und Gewohnheiten«, erklärte Herzog Christian Ludwig von Mecklenburg-Schwerin im zweiten Paragraphen des Erbvergleichs. Er fertigte damit eine Sterbeurkunde aus.

An alledem nahm das Fischland als Region des Großherzogtums Mecklenburg-Schwerin seinen Anteil, doch gab es hier, begünstigt durch die geographische Abgeschiedenheit, auch eine von der übrigen Norm abweichende Sonderentwicklung. Das Fischland hatte keine Rittergutseigner, denn dazu war es zu klein. Es fand daher auch kein Bauernlegen statt, und man hatte keine Unfreien, aus dem gleichen

Grunde. Auf dem Fischland lebten Bauern und Büdner, sonst niemand. Äußerlich kenntlich waren diese beiden Stände an den von ihnen bewohnten Häusern.

Die Zahl der Bauernstellen war festgelegt, und es galt die Bestimmung, daß auf dem Fischland niemand wohnen dürfe, der nicht über ein eigenes Haus verfügte. Dies kam einem Zuzugsverbot für Fremde gleich und brachte sehr enge, vielleicht allzu enge verwandtschaftliche Verflechtungen der Fischländer Familien, führte aber jedenfalls dazu, daß jene Zustände der völligen sozialen Stagnation, die im übrigen Mecklenburg herrschten, das Fischland nicht einzuholen vermochten.

Den Kontrast dazu lieferten Darß und Zingst. Hier regierten ab dem Hochmittelalter die Rügener Fürsten und, nach deren Aussterben, verschiedene Herrscher aus der Linie Pommern-Wolgast. Mit Stralsund und Greifswald gab es mächtige vorpommersche Hansestädte, und die Reformation setzte sich in Vorpommern noch eher durch als in Mecklenburg. Mit dem Dreißigjährigen Krieg fiel dann alles Vorpommern an Schweden und blieb schwedischer Besitz bis 1815.

Die Schwedenzeit war übrigens keine Periode besonderer ethnischer oder kultureller Unterdrückung. Die schwedischen Gouverneure in Stralsund erwiesen sich als vergleichsweise tolerante Leute (deren Toleranz freilich vor allem das Resultat einer allgemeinen Gleichgültigkeit war), und zuletzt wurde das Gouverneursamt sogar von einem deutschen Aristokraten wahrgenommen. Die ersten genauen Vermessungen von Darß und Zingst stammen von schwedischen Kartographen und bilden eine verläßliche Grundlage aller die beiden Halbinseln betreffenden Geographie.

Eine Zeit der bedeutenden Innovationen stellten die zwei schwedischen Jahrhunderte gleichwohl nicht dar. Es gab in Vorpommern die Leibeigenschaft und das Bauernlegen wie nicht anders in Mecklenburg, und als dann Vorpommern mitsamt allem übrigen Pommern preußisch geworden war, brachte zunächst bloß der Bädertourismus etwas Geld und einige neue Zivilisation ins Land.

Die Halbinseln Darß und Zingst blieben davon erst einmal ausgenommen. Wie auf dem Fischland hatte die Segelschiffahrt einigen Wohlstand beschert, aber mit dem war es nach ein paar Jahrzehnten schon wieder vorbei. Darß wie Zingst wurden von vielen armseligen vorpommerschen Regionen bald eine der allerdürftigsten.

Strand am Hohen Ufer

Die schönen Dinge

Im Kulturhistorischen Museum der Stadt Stralsund steht ein eintüriger Kleiderschrank, der im 19. Jahrhundert von einer Tischlerwerkstatt auf dem Darß
gefertigt wurde. Sein Material ist Kiefernholz, dunkelrot gestrichen, und zeigt
in der Türfüllung als Dekor senkrecht verlaufende Kehlen, außerdem ein
halbkreisförmiges Band, des Kontrastes wegen schwarz gefärbt. Geschwärzt
wurden auch die Querleisten an Ober- und Unterkante.

Der Schrank läßt problemlos seine Herkunft aus ästhetischen Gewohnheiten des deutschen Klassizismus erkennen. Ihn zur Volkskunst zu rechnen, ist
ebenso möglich wie anfechtbar. In vielen Fällen laufen die Grenzen zwischen
Hochkunst und Folklore unentwirrbar ineinander, wie auch Volkskunst und
Kunstgewerbe kaum mehr voneinander zu scheiden sind.

Bei den entsprechenden Gegenständen von Fischland, Darß und Zingst
existieren zudem Probleme der regionalen Unterscheidbarkeit. Generell fällt
es schwer, besondere folkloristische Eigenarten der Halbinselgruppe überhaupt zu benennen. Der Darßer Kleiderschrank im Stralsunder Museum
könnte ebenso gut aus einem anderen Teil Vorpommerns stammen.

Folklore im strengen Sinne ist dörfliches Brauchtum. Die Darßer und
Fischländer Landwirtschaft war zu armselig, als daß sie sich den bescheidenen

Hohes Ufer, Blick zum Ahrenshooper Ufer

Luxus hätte leisten können, eine Volkskunst eigenen Zuschnitts zu entwickeln und zu tradieren. Trachten, Lieder und Gebrauchsgegenstände stimmen überein mit jenen der übrigen mecklenburgisch-vorpommerschen Küstenregion. Allenfalls die zuweilen andere Akzentuierung macht die Eigenart aus.

Sie wurde vorgegeben durch die Schiffahrt, und es waren die Partenreeder, die jenes bißchen Reichtum ins Land brachten, das zur Unterfütterung eines kulturellen Lebens unerläßlich ist. Maritimes ist folglich bei den folkloristischen Objekten aus Wustrow, Zingst und Prerow dominant.

Dazu gehören die Seemannskisten, oft bemalt mit fremden Topographien, mit figürlichen Abbildern oder mit dem Portrait eines Schiffes. Dazu gehören die Kapitänsbilder mit der stolzen Seitenansicht eines Seglers, seltener eines Steamers, und es gibt auch die verkleinerten Schiffsmodelle, wie sie heute noch in manchen Kirchen hängen.

Das Buddelschip, das stark verkleinerte Schiffsmodell in der Glasflasche, gehört eigentlich eher an die Nordseeküste, ist aber auch auf dem Fischland präsent, und dies bis heute. Exklusive Eigenart des Darß bleiben die dort gebäuchlichen Haustüren mit ihren Blumenmustern. Der Ursprung reicht nicht weiter zurück als ins 19. Jahrhundert.

Erkundungen

Den Fischerteppich – langflorige Objekte gedämpfter Färbung, vorherr-schend ist das Grau – kennen die Halbinseln so gut wie andere Regionen Mecklenburg-Vorpommerns. Handgefertigte Wollsachen lassen sich kaum mehr von ähnlichen Produkten aus Irland unterscheiden. Handgewebtes folgt einem allgemeinen norddeutschen Trend.

Erwähnenswert ist die in der Gegend von Ahrenshoop geschaffene kunst-gewerbliche Keramik. In ihr setzt sich die Tradition der Fayence-Produktion fort, die während des 18. Jahrhunderts bis zum Siegeszug der Wedgwood-Waren in Vorpommern bestand.

Wer die zwischen Wustrow und Prerow geöffneten Kunstgewerbeläden betritt, wird allerlei hübsche Dinge entdecken, die in ihrer Überzahl aus Sachsen, aus Thüringen und aus dem Berliner Raum stammen. Regionale Eigen-tümlichkeiten sind da kein längst Qualitativ mehr. Das gilt hier wie anderswo.

ERINNERUNGEN

Im Spätsommer 1889 hielt ich mich mit meinem Kollegen, dem Tiermaler Oskar Frenzel, in Wustrow auf dem Fischlande auf, um Studien zu malen. Gelegentlich einer Wanderung am hohen Ufer lag plötzlich, als wir die letzte Anhöhe erreicht hatten, zu unseren Füßen ein Dorf: Ahrenshoop. Wir hatten von seiner Existenz keine Ahnung und blickten überrascht und entzückt auf dieses Bild des Friedens und der Einsamkeit. Kein Mensch war zu sehen, die altersgrauen Rohrdächer, die grauen Weiden und grauen Dünen gaben dem ganzen Bild einen Zug tiefsten Ernstes und vollkommener Unberührtheit. So sah Ahrenshoop damals aus. Nir-gends ein öder Nützlichkeitsbau mit Pappdach, nichts was den Gesamt-eindruck störte; die Dorfstraße sehr breit und sandig – man sagte: den Ahrenshooper erkennt man an seinem Gange –, kein Drahtzaun, keine Reklametafel. Hinter dem Dorfe auf dem Schifferberge blickte der Kirch-hof mit weißen und schwarzen Holzgittern und Kreuzen herüber, über-wuchert von goldgelb blühendem Habichtskraute. Stieg man weiter hinauf auf die sogenannte Schwedenschanze, so sah man in die Einsam-keit hinaus. Nirgends ein Haus: Dünen, Wald und See, in der Ferne die dunkle Linie des Darß. Die Dünen gekrönt von uralten Weißdorn-bäumen, Stechpalmen und wilden Rosen.

Das war ein Studienplatz, wie ich mir immer gewünscht hatte!

Paul Müller-Kaempff

AHRENSHOOP

An Ahrenshoop hängt seit einhundert Jahren der Ruch und Ruhm einer Künstlersiedlung, was jedenfalls dazu geführt hat, daß dieser Ort aus seiner einstigen Armseligkeit und weitgehenden Anonymität herausgehoben wurde, um schließlich in den Rang einer förmlichen Nobelsiedlung aufzusteigen.

Vorher hatte der Beiname Powerdörp gelautet, Armendorf, denn während die benachbarten Ortschaften im mecklenburgischen Fischland, Althagen und Niehagen, am Wohlstand der Fischländer Segelschiffahrt ihren Anteil nahmen, herrschte hier immer bloß die allgemeine vorpommersche Bedürftigkeit.

1311 findet sich die allererste urkundliche Erwähnung einer einzelnen Hofstelle namens Arneshop. Damals existierte noch der Loop, also die andere natürliche Recknitzmündung neben dem Permin in Wustrow, und der Pommernherzog Bogislaw, sechster seines Namens, kam auf den Einfall, diese Wasserrinne zu vertiefen und für den Schiffsverkehr brauchbar zu machen. So entstand der Darßer Kanal, und zu seinem Schutze errichtete man eine Burg. 1395 wurde beides wieder zerstört, von den Rostockern, die in Bogislaws Unternehmen eine nautische Konkurrenz witterten. Jahrhundertelang fand der Flecken kaum noch eine Erwähnung, diente Ende des Mittelalters wohl als Vitte, das war ein Zwischenlager für die Küstenfischer und andere Seefahrer, und wurde 1698 von den schwedischen Landvermessern bloß als der Platz von ganzen zwei Wohnstellen erwähnt.

Später siedelten sich ein paar Segelschiffer an, wohnten Heringsfischer neben Bauern, Heidereitern und Förstern, und dann gab es sogar ein Schulhaus, wenn auch keine Kirche, denn zum Gottesdienst begaben sich die Ahrenshooper nach Wustrow, wie sie auf dem dortigen Friedhof lange Zeit auch ihre Toten beisetzten. Der Aufstieg von Ahrenshoop erfolgte erst um 1890. Der Grund für den Aufstieg war, paradox genug, Ahrenshoops beträchtliche Zurückgebliebenheit und Armut.

Das Jahrzehnt vor der letzten Jahrhundertwende war in Europa die Zeit der Künstlerkolonien. Eine neue Generation von Malern floh die Großstadtateliers und zog in die Natur, suchte sich die Motive ihrer Bilder unter freiem Himmel und lebte nach den Normen der eben in Mode befindlichen Lebensreform. Eine berühmte deutsche Künstlerkolonie war zum Beispiel Dachau, vor den Toren von München, oder auch Worps-

Althagen

Blick auf Althagen

Ahrenshoop

Kate in Ahrenshoop

wede, in der Nähe von Bremen. Mecklenburg hatte so etwas in Schwaan, und Ahrenshoop sollte die Künsterkolonie von Vorpommern werden.

Es begann damit, daß Paul Müller-Kaempff, Kunstmaler des Geburtsjahrganges 1861, von Wustrow aus das Fischland erwanderte, so auch zum Vordarß gelangte und Ahrenshoop entdeckte. »Wir hatten von seiner Existenz«, schrieb er später, »keine Ahnung und blickten überrascht und entzückt auf dieses Bild des Friedens und der Einsamkeit. Kein Mensch war zu sehen, die altersgrauen Rohrdächer, die grauen Weiden gaben dem ganzen Bilde einen Zug tiefsten Ernstes und vollkommener Unberührtheit...« Müller-Kaempff siedelte sich 1892 in Ahrenshoop an und eröffnete eine Sommerschule für betuchte Eleven. Meist waren sie weiblichen Geschlechts. Seinem Beispiel folgten andere Maler, Wachenhusen, Richter-Lefensdorf, Elisabeth von Eicken, und den Eleven folgten die Badegäste, und bald eröffnete ein erstes Hotel.

Die malenden Angehörigen der einstigen Ahrenshooper Künstlerkolonie waren Anhänger eines späten Realismus und eines vorsichtigen Jugendstils. Es gibt von ihnen zahlreiche Bilder mit Motiven von Ahrenshoop, dem Fischland, dem Darß, hübsch anzuschauen und ohne ästhetische Erheblichkeit. Am Vorabend des Ersten Weltkrieges war die Zeit

Erkundungen

der deutschen Künstlerkolonien schon wieder vorüber, und es gehört zu den Paradoxien Ahrenshoops, daß es erst da zu einem Ort von wirklich bedeutender Malerei wurde.

Jawlenski und die Werefkin besuchten die Gegend. Der ostpreußische Portraitmaler Alfred Partikel baute sich an der Dorfstraße von Ahrenshoop ein schönes Haus und holte seinen nahen Verwandten Gerhard Marcks nach, der für mehrere Jahre auf dem Boddenweg in Niehagen ansässig wurde. Der Kinderbuchillustrator Koch-Gotha lebte hier, zusammen mit seiner Frau Dora Stetter, die eine bemerkenswerte Expressionistin war, und die beiden Dresdner Avantgardisten Kinder und Kesting hatten am Hohen Ufer eine ständige Bleibe.

Der Ruf der Künstlersiedlung hängt unverlierbar an Ahrenshoop. Das kam immer auch dem Badebetrieb zugute, der hier niemals mondän oder flippig werden wollte, vielmehr lieber auf dem lebensreformerisch Einfachen beharrte, sich damit einen gleichsam handgewebten Stil erschuf und eine unerschütterlich treue Klientel heranzog. Johannes R. Becher, der Staatsdichter und erste Kulturminister der einstigen DDR, verliebte sich in Ahrenshoop und setzte sich in das Dünenhaus am Schifferberg, wo sich, nach seinem Tode, eine staatliche Organisation namens Kulturbund ausbreitete.

Becher zog Schriftstellerkollegen wie Bodo Uhse und Bertolt Brecht nach. Er sorgte vor allem dafür, daß der feriale Massenbetrieb der Staatsgewerkschaften außen vor und das Ortsbild dadurch einigermaßen intakt blieb. Ahrenshoop kam über die dramatischen Ereignisse nach dem Herbst 1989 hinweg und ist mittlerweile wieder die nach Hiddensee edelste Bäder-Adresse an der gesamten mecklenburgisch-vorpommerschen Ostseeküste.

AHRENSHOOP, NACH DEM KRIEGE
Ich taufte die neuerfundene Gaststätte wegen des Flügels »Das Musikzimmer«, da ja der Raum, in welchem jetzt die Tische und Stühle standen, schon von der Großmama »das Musikzimmer« genannt worden war. Für den Eröffnungstag meines Cafés – der einzigen Gastwirtschaft im Ort, die aufmachte, weil keine etwas anzubieten hatte – machte ich grüne, gelbe, rosa, blaue und rote Puddings aus Stärke, gefärbt mit Speisefarbe, aromatisiert mit künstlichem Speisearoma, gesüßt mit Süßstoff, und kochte Kaffe aus Lupinen.

Räucherhaus im Hafen Althagen

Der Erfolg war überwältigend. Der Gedanke, ein markenfreies Gericht essen zu können, hatte nicht nur Sommergäste, sondern vor allem Einheimische und Forensen aus nah und fern in das Musikzimmer getrieben. Ich hatte gar nicht genug Stühle, um all den Gästen Platz zu schaffen, und ich hatte nach diesem ersten Tag plötzlich soviel Geld im Portemonnaie, wie ich lange nicht mehr beisammen gesehen hatte. Gleich am nächsten Tag wurde mir zugetragen, ich heiße nun weit und breit nur noch die Aroma-Erika, und man sei begeistert davon, etwas auf die Beine gestellt zu sehen, was kein gelernter Gastwirt gewagt hätte.

Agnes-Marie Grisebach

Der Ort ist eher klein und besteht hauptsächlich aus einer vielbefahrenen Durchgangsstraße. Historische Bauzeugnisse finden sich nurmehr in Althagen. Der einstige Sitz von Müller-Kaempffs Sommerschule, das Haus Lukas an der Dorfstraße, dient heute abermals als Künstlerhaus: Es ist Eigentum des Kulturfonds, einer Einrichtung der fünf neuen Bundesländer; Maler und Autoren, auch solche aus dem Ausland, erhalten hier einen bezahlten Aufenthalt auf Zeit, haben Muße zum

Erkundungen

Ahrenshooper Kirche   Am Hafen von Althagen

Arbeiten, und in unregelmäßigem Abstand stellen sie ihre Ergebnisse
der Ahrenshooper Öffentlichkeit vor.

Im Zentrum steht mit dem Kunstkaten ein Ausstellungshaus für die
Bildende Kunst anderer, und auch Schriftsteller und Schauspieler dürfen
darin gastieren. Der Kunstkaten trat die Nachfolge eines Verkaufs-
gebäudes an, das einst die Arbeiten Müller-Kaempffs und seiner Freunde
anbot und das irgendwann abbrannte. Es gibt das Haus Guttenberg in
Boddennähe, ursprünglich der Sitz einer Bildhauerin, deren Erben eine
Umwidmung verfügten, und seither finden hier monatlich wechselnde
Expositionen lebender Künstler statt, bevorzugt auch solcher aus Skandinavien. Es gibt die Strandhalle, ursprünglich ein abscheulicher Mehr-
zweckbau, dem man ein bißchen Kosmetik angedeihen ließ und der nun
gleichfalls wechselnde Ausstellungen anbietet. Schließlich ist da noch
die Bunte Stube, eine Mischung aus Buchhandlung, Kunstgewerbe-
laden und Verkaufsgalerie, ein Traditionsunternehmen und unübersehb-
bar infolge seiner Außenhaut, die den Stil der zwanziger Jahre zitiert.

Das architektonisch bemerkenswerteste Gebäude im Ort ist die
Kirche, ein Holzbau von 1951, der in seinem Inneren die Gestalt eines

Kunstkaten

kieloben gestellten Bootes hat. Es handelt sich hierbei um die erste
Arbeit des inzwischen zu Ansehen gelangten Architekten Hardt-
Walther Hämer. Die Inneneinrichtung schuf Doris Oberländer, eine
Bildhauerin, und es gibt vier Votivschiffe, die von Heinrich Voß
stammen, einem Ahrenshooper Kapitän. Auf dem Friedhof gleich
daneben befinden sich die Gräber von ein paar Prominenten. Eines
gehört dem Rostocker Verleger Peter E. Erichsen, neben dessen Grab-
stein, so geht jedenfalls die Legende, häufig eine halbvolle Schnaps-
flasche steht.

Die Maler

Paul Müller-Kaempff, Gründer der Künstlerkolonie in Ahrenshoop, beendete
seine Karriere und sein Leben in einem anderen Ostseebadeort, Graal-Müritz,
wo er sich als Hersteller von billigen Ansichtspostkarten ernährte. Der Vorgang ist geeignet, etwas über die ästhetische Kraft und das berufliche
Schicksal der auf dem Fischland tätigen Kunstmaler auszusagen.

Sie waren nicht durchweg bedeutend. Das Mittelmaß triumphierte. Viele
Namen, wie Wachenhusen, Gerresheim, von Eicken, Woermann (die letzten

Alfred-Partikel-Haus

drei waren Damen), finden sich in Kunstgeschichten kaum. Wenn an anderer Stelle anzumerken war, die eigentliche Karriere der Halbinseln habe in jenem Augenblick begonnen, da die Künstlerkolonie Ahrenshoop sich auflöste, so ist damit etwas ausgesagt über das Niveau der Arbeiten, die Müller-Kaempffs Weggenossen produziert haben.

Ein in Ahrenshoop seit 1990 tätiger Förderverein hat sich daran gemacht, die erreichbaren Bilder von Mitgliedern der Kolonie zu sammeln und gelegentlich auszustellen. Es handelt sich durchweg um braven Pleinairismus, eher den Realisten des 19. Jahrhunderts zugeneigt als dem Impressionismus oder dem Jugendstil.

Was Alexej von Jawlenski schuf, als er 1911 und 1912 auf dem Darß weilte, waren noch nicht die bekannten Jawlenski-Masken, die zu ihrer Entstehung dieses besonderen Ortes auch kaum bedurft hätten. Es waren vielmehr ekstatische Landschaftsportraits, glühende Farben, mit denen der Maler seine neuen Ausdrucksmittel entdeckte und erprobte. Von Max Pechstein gibt es ein paar selbstgemachte Postkarten aus der Region, versandt an Freunde. Lyonel Feininger war vernarrt in die Motive von Ostseehäfen, Segelschiffen und Meer, doch seine Aufenthaltsorte lagen um Stralsund, und auf den Halbinseln ist er, soweit sich das verfolgen läßt, niemals gewesen.

Pflüger, Holzschnitt von Gerhard Marcks, 1944

Koch-Gotha und Schäfer-Ast, die zwei populären thüringischen Illustra-toren, haben auf dem Fischland gewohnt. Die einschlägigen Motive finden sich in ihren vielen gemütvollen Blättern nur unter anderen.

Koch-Gothas Frau Dora Stetter, einige ihrer Arbeiten hängen, wie anders-wo erwähnt, im Darß-Museum von Prerow, war eine starke Begabung. In ihren besten Arbeiten erinnert sie ein wenig an den jungen Emil Nolde oder an Paula Modersohn. Warum sie die große Karriere, für die sie eigentlich angelegt war, dann nicht vollzogen hat, läßt sich im Nachhinein nurmehr schwer erklären.

Man mußte keine Abbilder von Küste, Reetdach und Wellen herstellen, wenn man auf länger in dieser Gegend daheim war oder ist. Das gilt zumal für unsere unmittelbare Gegenwart, da die fünf neuen Bundesländer eine für vier Jahrzehnte in der DDR politisch indizierte Avantgarde lustvoll nachvollziehen, was heißt: Abstraktionen, Readymades, Installationen, Collagen. Auch in Ahrenshoop finden die von den Landesbehörden veranstalteten jährlichen Kunstaktionen statt. Die aufgestellten Produkte könnten von überall kommen und überall stehen.

Dies ist kein Einwand. Es ist die vorurteilslose Feststellung von Tatsachen. Im Folgenden seien zwei Künstler erwähnt, die heute in Ahrenshoop leben und die bei allem unzweifelhaften Modernismus und aller formalen Verfremdung den Ort ihres Wirkens in ihren Arbeiten kenntlich machen, irgendwie.

Linolschnitt von Edmund Kesting, 1948

Die Malerin Gerlinde Creutzburg ist eine Schöpferin abstrakter, auf anmutige Weise filigraner und gleichsam durchsichtiger Blätter, in denen sich Luft, Wasser und Gesteine des Fischlands wiederzufinden scheinen. (Gerlinde Creutzburg ist auch Leiterin des Kunsthauses Guttenberg am Feldweg.) Dann gibt es noch, auf dem Schifferberg, den Holzbildhauer Jastram. Sein Material sind Schwemmhölzer, Abrißbalken, gefällte Stämme aus dem Darß, die er zu großformatigen, im Regelfall völlig abstrakten, dabei hochsuggestiven Gebilden verarbeitet. Per Material heben sie den Ort ihrer Entstehung heimlich auf.

Wer auf eine direkte Wiedererkennbarkeit von Landschaft hält, ist bei Georg Hülße gut bedient. Der gelernte Gebrauchsgraphiker hatte sich zusehends auf Aquarelle verlegt, mit zarten Abbildern von Blumen, Pflanzen und Landschaften des Vordarß. Er stellte sich damit absichtsvoll in Traditionen, denen auch die Realisten Theodor Schultze-Jasmer aus Prerow und Carl Malchin zugehören.

Der zweite lebte eigentlich in der Mecklenburger Künstlerkolonie Schwaan. Er begab sich immer wieder auf das Fischland, um dort Häuser und Landschaften abzubilden, in einer Manier, die entfernt an Max Liebermann und den frühen Edvard Munch erinnert. Stilistisch nahe steht ihm Alfred Partikel, von dem es eine Reihe von Landschaftsbildern gibt, wiewohl seine kunsthistorische Bedeutsamkeit vor allem auf der Herstellung von Portraits beruht.

Der Bildhauer Gerhard Marcks, sein Verwandter, hat während seines nicht ganz freiwilligen Aufenthaltes in Niehagen eine Reihe von Zeichnungen und Holzschnitten mit Motiven der Region geschaffen. Vor seinem Haus standen auch zwei überlebensgroße holzgeschnitzte Figuren von seiner Hand. Sie sind irgendwann verschwunden: Kenner haben sie entwendet.

Der aus Dresden stammende Maler Edmund Kesting wohnte die letzten zehn Jahre seines Lebens im Sommer auf dem Althäger Hohen Ufer. Er, Protegé des expressionistischen Galeristen Herwarth Walden und Freund El Lissitzkys, hatte das bizarre Schicksal, gleich zweimal in seinem Leben offizielles Malverbot zu erhalten: zunächst unter Hitler, wo man ihn entartet nannte, dann unter Ulbricht, wo er als ein Formalist galt. Beide Male brachte er sich als Photograph durch und erlangte damit immerhin so viel Prominenz, daß sich zuletzt auch die politische und künstlerische Schickeria der DDR von ihm ablichten ließ, bis hinauf zum Diktator Walter Ulbricht.

Heimlich malte er weiter an seinen Bildern, die zwischen einem magischen Realismus und einer konsequenten Gegenstandslosigkeit changieren. Darß und Fischland sind in ihnen allgegenwärtig. Seit 1990 ist er, spät genug, als der bedeutende Künstler anerkannt, der er war. Seine Bilder hängen heute in den großen Museen Dresdens, Berlins und New Yorks.

DARSS

An Ahrenshoops Ortsausgang nach Norden hin befindet sich ein eingegrenztes Gelände namens Ahrenshooper Wäldchen. Hier wachsen alte Buchen und Kiefern, und hier wächst auch reichlich Ilex, das ist die kalifornische Stechpalme, deren Samen durch die Schiffahrt über alle Ozeane hinweg bis an die Ostseeküste gelangten. Die geologische Wespentaille der Nehrung liegt längst hinter uns. Die Halbinsel wird zusehends breiter und nimmt die ungefähre Gestalt eines unregelmäßigen Vierecks an.

Darß ist ein Wort slawischen Ursprungs und bedeutet so viel wie Laubwald. Der weitaus größte Teil der Insel ist heute noch oder heute wieder bestanden von dichten Waldungen, die teilweise forstwirtschaftlich betreut werden, manchmal aber auch fast wild wachsen dürfen. Zum Bodden hin liegen, wenn man Ahrenshoop ausnimmt, drei

Weg zum Weststrand

von vier Ortschaften auf dem Darß, nämlich Born, Wieck und Bliesenrade, und am Nordstrand des Darß und zur Ostsee hin liegt Prerow, von den genannten Siedlungen die größte und die wohl auch bedeutendste.

AN DEN DARS

Raum voll Säulen, die den Himmel stützen,
du vertrauter Wald!
Seh den Falken in der Sonne blitzen,
grün umdämmert ragt des Hirschs Gestalt.

Einsam wie in Sumpf und Regenschwaden
mag der Kranich sein –
selbst auf spinnenzugewobnen Pfaden
bin ich nicht allein.

Strahlt mir allerorten ja entgegen
ferner Liebe Blick,
kehrt das Herz auf allen meinen Wegen
nur zu ihr zurück.

Gerhard Marcks

Darßer Weststrand mit freigespülten Wurzeln

Der Darß ist zugänglich auf einem vielfältigen System von Wanderwegen. Sie beginnen bei einem der drei genannten Orte und enden fast allesamt an der Küste. Dann existieren noch die in Forsten üblichen Gestellwege, insgesamt 36, es gibt Moore und kleine Binnenseen, es gibt umgestürzte Bäume, die von Moos und Moder zerfressen werden und allmählich zerfallen, und im Spätsommer gibt es eine fürchterliche Stechmückenplage, unter der sich das Darßinnere dann nur noch bei sehr starkem Wind bewandern läßt.

Der südlichste Eingang zum Darß befindet sich bei Drei Eichen. Es existiert ein Forsthaus, Ibenhorst, und große Teile des Waldes waren über mehrere Jahrzehnte hin, erst unter Hermann Göring, dann unter Ulbricht und Honecker, eine Staatsjagd und für das öffentliche Publikum deswegen nicht zugänglich. Der Wald wächst bis unmittelbar ans Wasser, wo sich schlickige Passagen befinden und wo der ständige Küstenwind die dort wurzelnden Kiefern zu bizarren Gestalten verzerrt hat, sogenannten Windflüchtern. Anderswo wurden Bäume gestürzt und die Wurzeln freigespült, so daß sie nun bleich aus dem Sand ragen und eine absonderliche Formenwelt ergeben.

Vor allem an diesem Teil des Weststrandes werden heute noch größere Mengen an Bernstein gefunden, vornehmlich nach den

▲ 2
▼ 3

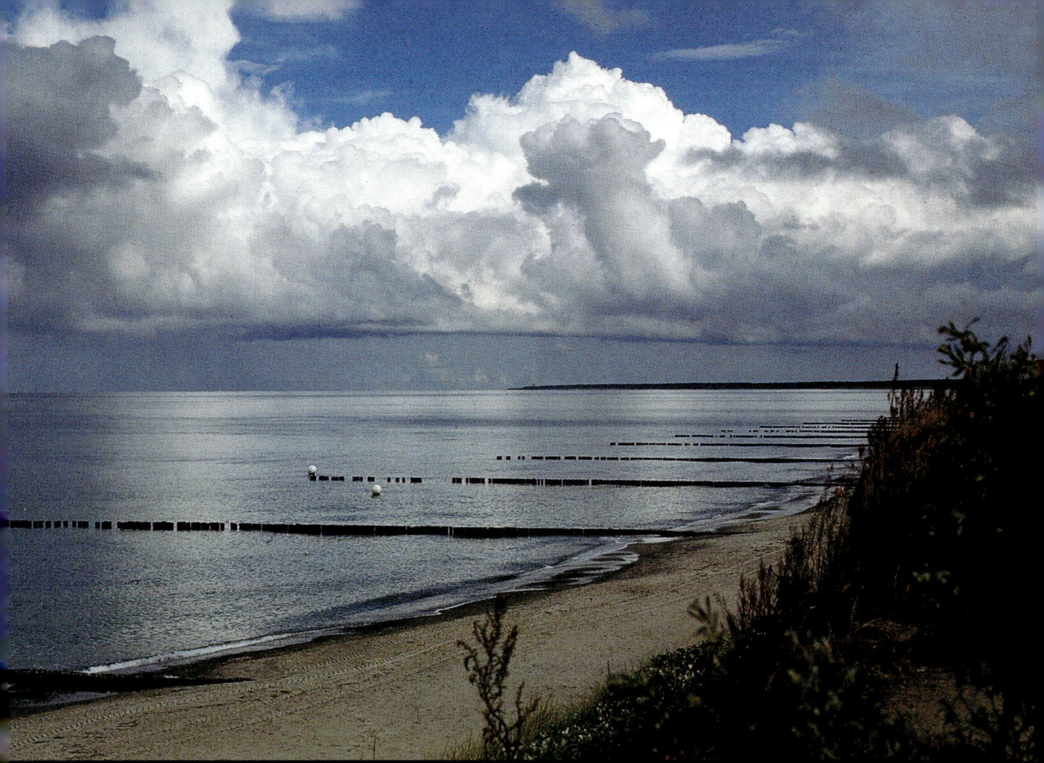

▲ 4

▼ 5

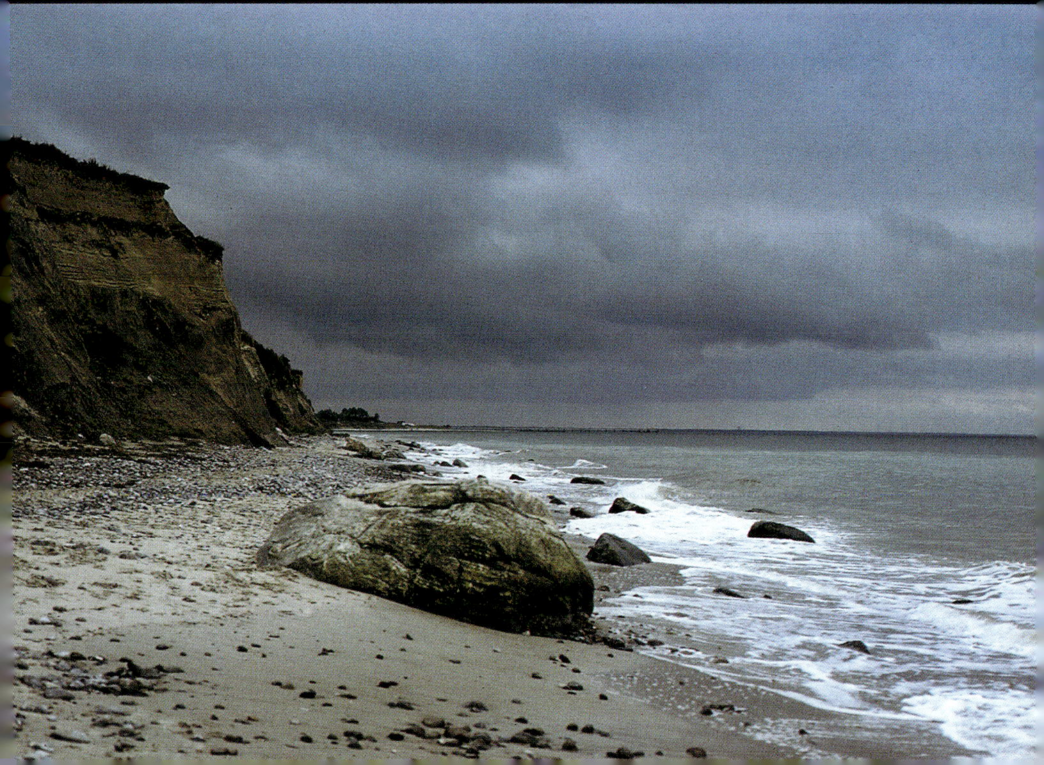

▲ 6   ▲ 7   ▼ 8

▲ 9

▲ 10

▼ 11

▲ 14 ▲▲ 15   ▲ 16   ▼ 17

Windflüchter   Im Darßwald

Herbst- und Frühjahrsstürmen, in den Spülsäumen, und die werden von den Einheimischen dann systematisch abgelesen. Als Gold des Nordens war Bernstein einst ein begehrtes Tauschmittel, und in den zwanziger Jahren wurde, zunächst in Wustrow, aus Bernstein hergestellter kunstgewerblicher Schmuck feilgeboten, der ein hübscher Erfolg war.

Fauna und Flora des Darß sind vielfältig. Außer Kiefern und Buchen wachsen hier Erlen, Wacholder, Ginster und sehr vereinzelt Eiben, es wachsen Königsfarn, Efeu, Jelängerjelieber und zahlreiche Wasserpflanzen. Der Buchfink brütet im Darß wie der Fliegenschnäpper, der Sprosser und der Seeadler, und es gibt reichlich Rot- und Schwarzwild. Wie er sich heute darbietet, ist dieser Wald eine relativ junge Erfindung, denn während der gesamten Schwedenzeit und noch das halbe 19. Jahrhundert hindurch wurde er rücksichtslos abgeholzt. 1891 war ein Drittel des heutigen Waldgebietes kahl und allenfalls ein Platz für weidendes Vieh. Erst danach erfolgte eine systematische Aufforstung auf den heutigen Zustand hin.

Darß   **73**

Im Darßwald

Das Gebiet des Darßes gilt als geologisch ziemlich genau erforscht, so daß inzwischen auch die Phasen und Formen seiner erdgeschichtlichen Entstehung bekannt sind. Man unterscheidet zwischen dem Altdarß, der rund um das Boddenufer liegt und knapp die Hälfte der heutigen Fläche ausmacht, und dem Neudarß, der jüngeren und jüngsten Datums ist und durch die fortwährenden Anlandungen entstand. Man schätzt, daß die letzten drei Kilometer Land in nordwestlicher Richtung sich erst in den letzten dreihundert Jahren gebildet haben.

DE HALFINSEL

Dat is ein buntes tofetztes Kortenbild von Fastland, Inseln, Halfinseln, Water, Ruhrplans und Wald för Smuggler un Wilderer, üm ehr Unwesen to driwen, as geschaffen.

Von Meckelnborg ut is de Halfinsel Dars as eine smale Verlängerung, de sick sös Miel von West nah Ost erstreckt, antauseihn. Ehre größte Breid is ein un halw Miel. De Nurdspitz is de Darser Urt, de as ein langer Snabel in de Ostsee rinschütt. Up denselben steiht 'n Lüchttorm, de in de Nacht helles Licht up de düstere See smitt. De Dars is dörch den Prerower Strom von de Insel Zingst trennt. Früher war bi dat Dörp Prerow eine Brügg äwer den Strom, jetzt führt 'n Damm räwer.

Johann Segebarth

Die nördlichste Stelle des Darß und der gesamten Halbinselgruppe heißt **Darßer Ort**. Sie hat die Form eines nach Osten gekrümmten Hakens, dem noch ein Eiland vorgelagert ist, die Bernsteininsel. Darßer Ort war während der gesamten Honecker-Jahre für gewöhnliche Besucher nicht zugänglich, denn es befand sich hier ein weiteres Jagd-

Darßer Weststrand

revier für die höchste Politprominenz, die sich außerdem ihre Refugien gleich nebenan errichten ließ und dort nicht gestört werden wollte. Es handelte sich um eine Siedlung aus Ferienhäusern und Bungalows von allerspießigstem Geschmack, eingebettet in Dünen und Kiefernwald. Als Bauherr und erster Gebieter des gesamten Geländes zeichnete der Armeegeneral Heinz Hoffmann, Erich Honeckers oberster Soldat. Der Haken bot außerdem Platz für einen kleinen Militärhafen, in dem einige Küstenschutzboote der Volksmarine ankerten. Die ständigen Baggerarbeiten für das Freihalten der Fahrrinne führten dazu, daß der Seegrund in Bewegung geriet und die Bernsteininsel in ihren alten Umrissen sich auflöste.

Am Westrand von Darßer Ort steht schon seit 1848 ein Leuchtturm, ein schönes Backsteinbauwerk, mit 33 Metern Höhe unter seinesgleichen allerdings kein Riese. Zwei Feuer brannten früher auf ihm, ganzjährig, und bis 1983 gab es dort einen Stationsleiter, an dessen Stelle inzwischen eine Automatik arbeitet. Alle 22 Sekunden sendet nächtens die Blitzgruppe ihre optischen Signale aus. Die akustischen Warnungen, die es hier außerdem früher gab und die dem Turm damals den Beinamen Seekuh eintrugen, wurden längst durch eine Radaranlage ersetzt.

Darß

Darßer Ort, Blick vom Leuchtturm

»De Tidingsbringer keek up 'n Füerturm uut mit'n scharpes Glas«, heißt es in einem Buch des mecklenburgischen Linguisten und Kultur-historikers Richard Wossidlo. »Wenn 'n Schipp ankamen wier, kreggen se 'n Mark.«

Literarisches

Fischland, Darß und Zingst waren gelegentlich der Gegenstand belletristischer Erwähnungen, manchmal auch deren Entstehungsort. Beides ist in einzelnen Fällen identisch, doch die Regel ist es keinesfalls.

Sofern, was in diesem Zusammenhang sicher zulässig ist, die Festlandstadt Barth unserer Gegend zugerechnet werden darf, muß jedenfalls Wizlaw III. erwähnt werden. Er war Fürst von Rügen, übrigens der letzte seines Ge-schlechts, und erkor nach dem Jahre 1304 Barth zu seinem ständigen Wohn-sitz. Er war ein Minnesänger. 27 Schöpfungen seiner Hand sind überliefert, in Vers und Musik, in der Jenaer Liederhandschrift, die nächst der Manessischen eine der wichtigen Sammlungen mittelhochdeutscher Poesie ist.

Dann muß die Barther Bibel erwähnt werden, eine an diesem Ort auch drucktechnisch betreute Übertragung der von Martin Luther verfertigten hochdeutschen Fassung des Alten und des Neuen Testaments. Ebenfalls in

Barth ansässig war der Theologe Johann Joachim Spalding, der zu seiner Zeit, Mitte des 18. Jahrhunderts, als aufklärerischer Autor einen überregionalen Namen hatte. Es heißt, die inzwischen allgemeine Eindeutschung des lateinischen Wortes factum in »Tatsache« gehe auf ihn zurück.

Leuchtturm am Darßer Ort

Realistische deutsche Romane des 19. Jahrhunderts lassen, wenn sie sich der Ostsee nähern, Darß und Fischland aus, vielmehr spielen sie, wie »Effi Briest« von Theodor Fontane, lieber auf der Insel Rügen. Ohnehin fällt die touristische Entdeckung der Halbinselgruppe erst auf das fin de siècle, und erst seither findet sie auch belletristisch statt. Da existieren Verse des Ahrenshoop-Besuchers Gerhart Hauptmann, denn der Dichter begab sich an diesen Ort, während sein Sommersitz in Kloster auf Hiddensee noch im Entstehen war.

Der nunmehr, das ist seit fünf oder sechs Jahren, als moderner Klassiker Mecklenburgs gehandelte Romancier Uwe Johnson läßt seinen wichtigsten Roman, »Jahrestage«, überwiegend in Güstrow, in einer kleinen Szene aber auch in Ahrenshoop spielen. Johannes R. Becher, der DDR-Staatsdichter, hat mit seinem ungehemmten Vers- und Prosafluß auch Ahrenshoop überschwemmt, wie überhaupt dieser Ort die meiste poetische Relevanz an sich zog. Gerhard Marcks war, wie viele Bildende Künstler, außerdem eine sprachliche Begabung, und die Notizen, die er während seiner Zeit in Niehagen verfaßte, hatte er zwar nicht für den Druck bestimmt, doch sind sie inzwischen gedruckt worden und lesen sich ziemlich eindrucksvoll.

Die Schriftstellerin Agnes-Marie Grisebach wohnte bis zu ihrem unfreiwilligen Fortgang in Ahrenshoop. Inzwischen ist sie durch den andauernden Kult der écriture féminine zu einem bescheidenen Ruhm gelangt. In einem ihrer Bücher, »Abschied vom Hohen Ufer«, unterbreitet sie ihre belletristisch gewandeten Erinnerungen.

Ahrenshoop hatten und haben noch ein paar andere zeitgenössische Literaten zu ihrem ständigen Wohnsitz genommen, so Claus Hammel, ein zu Zeiten der DDR viel gespielter Bühnenautor. Der Ahrenshooper Wolfgang Schreyer, Verfasser von Spannungs- und Abenteuerliteratur, erzählt in einem seiner Romane,»Nebel«, die politischen Veränderungen des Herbst 1989 auf dem Fischland in Form einer Kriminalgeschichte.

Kaum mehr überblickbar ist die heimatkundliche und Reiseliteratur zu Fischland, Darß und Zingst. Es gibt Bildbände. Es gibt Wanderempfehlungen. Es gibt Ortschroniken, naturwissenschaftliche Untersuchungen, kunsthistorische Abhandlungen von vielerlei Art und von vielerlei Couleur, denn natürlich versuchte zum Beispiel die untergegangene DDR selbst noch regionale Betrachtungen mit ihrem grundsätzlichen politischen Selbstverständnis zu unterfüttern. Nicht alles wurde dabei zu Makulatur, und wer es fertig bringt, die allerdings reichlich vorhandenen propagandistischen Pflichtübungen zu ertragen, wird aus dem Buch »Zwischen Meer und Bodden« von Fritz Meyer-Scharffenberg, einem Heimatautor aus der Gegend, einigen wirklichen Lektüre-Nutzen beziehen.

Heimatschriftstellerei auch sonst. Es gibt sie von der humoristischen und von der gemütvollen Art, es gibt sie auf hochdeutsch und auf platt. Die meisten Namen sind außerhalb der Region völlig unbekannt und in der Region vielfach auch. Selbst der in vorpommerschem Platt aufgesetzte und zu seiner Zeit ziemlich erfolgreiche Roman »De Darßer Smuggler« von Johann Segebarth, einem ehemaligen Kapitän und nachmaligen Schriftsteller, gehört inzwischen dazu.

Wer dor ierst einmal hett sin setten,
dei kann mit Darß nich mihr vergäten.
So menig Storm is roeverbrust
in sine Kronen hust.

So reimte Edith Roepke aus Born, und von dieser eher rührenden Art sind die allermeisten plattdeutschen Verse aus der Gegend und auf die Gegend, eingeschlossen jene der Martha Müller-Grählert, die im Text über Zingst ausführlicher bedacht wird.

Die wahrscheinlich bedeutendste Heimatschriftellerin der Region hieß Käthe Miethe. Sie war die Tochter eines Wissenschaftlers und selber nicht vom Fischland gebürtig, zog aber irgendwann mit ihrem Vater dorthin und kam von der Gegend nicht mehr los. Sie bewohnte ein Haus in Althagen, und im Laufe ihres Lebens hat sie eine Reihe von erzählenden Büchern über Fischländer

Winter in Fischland

Geschichte und Gegenwart verfaßt: in einer ordentlichen Prosa, die ästhetisch niemals über ihre Verhältnisse lebt.

»Lebenstüchtigkeit und Lebensklugheit sind Eigenschaften, die man dem Fischländer Volk der Fahrensleute nachsagen kann. Sie wissen zu leben und leben zu lassen, denn alle Kleinlichkeit ist ihnen fremd.« Solche Sätze aus Käthe Miethes bekanntestem Buch »Das Fischland«, geschrieben 1951, sind wohl auch ein Stück heimlicher Autobiographie.

DIE DÖRFER

Der Name des Darß-Ortes **Born** bedeutet nicht wie anderswo in Deutschland Brunnen, sondern leitet sich her vom slawischen Wort borina, was Föhrenwald bedeutet und auf die Baumbestände des Darß anspielt. Der Ort steht an der Stelle eines mittelalterlichen Jagdhofes, dem außerdem bewirtschaftbare Ländereien von einiger Ausdehnung zugehörten, so daß hier Bauern siedeln konnten. In Zeiten des schwedischen Pommern sollen allerlei erlauchte Personen nach Born gekommen sein, von Oxenstierna bis Stanislaus Leszynski und Zar Peter dem Großen, aber sehr gesichert sind solche Mitteilungen nicht. Die alten Jagdgebäude wur-

In Born

den im Siebenjährigen Krieg geschleift und brachen dann allmählich fort.

Zur Zeit der napoleonischen Kriege lebten in Born um die 650 Menschen, fünf Sechstel von ihnen Leibeigene. Über die bäuerliche Unfreiheit in seiner Heimat hat damals der Vorpommer Ernst Moritz Arndt, selber Kind eines Unfreien, ein aufsehenerregendes Buch verfaßt und derart maßgeblich mitgewirkt, daß Schwedisch-Pommern im Jahre 1806 die Leibeigenschaft aufhob. Die entsprechenden Maßnahmen in Preußen und in Mecklenburg erfolgten wesentlich später.

In Born stand später eine Zichorienfabrik, und der Ort hatte seinen Anteil an der Blüte der Segelschiffahrt im 19. Jahrhundert. Deren Ende bedeutete für Born dann keine völlige Verelendung, da weiter Landwirtschaft betrieben worden war und betrieben werden konnte und die Borner Äcker die überhaupt besten auf dem gesamten Darß sind. In den Jahren des DDR-Realsozialismus errichtete deswegen am Ort ein ebenso ausgedehnter wie häßlicher agrarischer Großbetrieb seine Ställe für die Massentierhaltung.

Badeurlauber gibt es in Born erst seit dem Jahre 1930, doch längst stehen nun, in vielen Spielarten des Neureichtums, am Ort allerlei

Erkundungen

Kirche in Born

Sommerhäuser, hingestellt zwischen die hübschen alten Fischer-
und Bauernhäuser. Seit 1935 besitzt Born eine eigene Kirche, aus
Holz gebaut und mit Reet gedeckt, und wie in anderen Darßorten
auch finden sich hier entlang der Straßen wiederholt die mit kolorier-
ten Schnitzereien versehenen Haustüren. Zu deren ständig wiederkehrenden Schmuckelementen gehören die aufgehende Sonne,
Symbol der glücklichen Heimkehr, wie auch allerlei Blumen und
Pflanzen als Sinnbild für die Lebensfreude. Solche Darßtüren wurden einst von ihren Eignern geschaffen, und es geht diese Art von
Handwerklichkeit auf die Segelschiffahrt zurück, wo der Umgang
mit Holz und Farbe eine der üblichen Pflichten zur Werterhaltung
war.

Born ist eine langgestreckte Siedlung, die sich im wesentlichen um
zwei ziemlich ausführliche Straßen gruppiert. Der Hafen ist so winzig
wie die meisten anderen Boddenhäfen auch. Wer hier seinen Sommer-
urlaub verbringt, muß eine weite Strecke mit dem Fahrrad oder dem
Wagen zurücklegen, querhin durch den Darß, oder er fährt gar mit dem
Linienbus nach Ahrenshoop, um am Weststrand seinen Badefreuden
fröhnen zu können.

Reiterhof in Born

Gleichwohl ist das Gästeaufkommen nicht unerheblich. Der Ort hatte auch immer seine Afficionados, wie jenen prominenten sächsischen Solotrompeter, der sich, befeuert von allerlei DDR-Staatspreisen, im Ort sein Sommerdomizil errichten ließ, oder wie jenes Mitglied des SED-Politbüros, das sich in Born eine womöglich noch ausgedehntere Ferienbleibe schuf. Vor 1989 konnte man ihn, nach allen Seiten grüßend, über die Straßen schlendern sehen, bewacht von bulligen Stasi-Männern. Nach der deutschen Wiedervereinigung erwarb sein Besitztum ein Hamburger Millionär, der sich die Geneigtheit der Borner durch Gratislieferungen von Gänsen zum Christfest erkaufte.

Hinter Born zeigt sich der Bodden sehr verengt. Das Festland ist mit einer Landzunge, auf der Michaelsdorf liegt, bis nahe an den Darß herangewachsen. Die derart entstandene Wasserenge trägt den Namen Koppelstrom und wird sich erst wieder bei Wieck weit öffnen zum Bodstedter Bodden. Dazwischen, an der allersüdlichsten Ausbuchtung des Darß, liegt der Flecken Bliesenrade, der nie mehr war als eine Ansammlung weniger Häuser und der einmal zu Born, das andermal zu **Wieck** gehörte.

Erkundungen

Hafen von Born am Saaler Bodden

Die Darßorte betreffend existiert der folgende Dreizeiler:

Die Prerower haben den Strand,
die Wiecker den Sand,
und die Borner das Land.

Dies will aussagen, daß es den Prerowern mit ihrem florierenden Badebetrieb und den Bornern mit ihrer extensiven Landwirtschaft noch vergleichsweise gut ergehe, während man in Wieck nicht viel mehr habe als gar nichts, was dann auch an diesem Zweizeiler deutlich wird:

De Wiecker die Schlieker, de hungrigen Gäst,
dei fräten de Borner all Eier ut Nest.

Solch hämische Anspielung auf die Wiecker Armseligkeit ist historisch nicht durchweg begründbar, und bereits der Anblick einiger der alten Häuser, unter ihnen manche mit einer schönen Fachwerktraufe unterm Reetdach, lassen einen gewissen bescheidenen Wiecker Wohlstand erkennen.

Wieck bedeutet Bucht. 1725 soll es hier viel mehr Schiffe gegeben haben als in dem sehr viel größeren Barth. Wieck besaß ungefähr die gleiche Einwohnerzahl wie Born, und hier wie dort stand einst ein

Eissegler

Jagdhaus, zusätzlich zu einem Krug und einer Fähre. Es befand sich in Wieck außerdem die Schmiede für den gesamten Darß, und deren Produkte waren, unter anderem, die metallenen Schlittschuhe für die Boddenfischer. Wieck hatte einen berühmten Jahrmarkt, und die durch die Segelschifferei bewirkte Konjunktur brachte Wohlstand und Ausdehnung, was aber mit dem Verschwinden der Segelschifferei sein jähes Ende erfuhr, so daß man sich also plötzlich wiederfand als der allerärmste Flecken auf dem Darß. Die Wiecker hatten den Sand.

Von den alten Häusern ist erwähnenswert die Doppelbüdnerei Trommelplatz 1, die bereits von 1784 stammt, und dann hat Wieck noch einen Johann-Segebarth-Weg, so benannt nach einem 1833 hierorts gebürtigen Kapitän und Schriftsteller, dessen bekanntestes Buch De Darßer Smuggler heißt und in vorpommerschem Platt verfaßt wurde. Erzählt wird da, wie im 19. Jahrhundert die zwischen dem mecklenburgischen Fischland und preußischen Vorpommern bestehende Zollgrenze fleißig umgangen wurde, auf Booten quer über den Bodden hinweg, und im Winter, wenn der Bodden zugefroren war, auf Schlittschuhen. Ein Hauptschmuggelgut war das

Salz, billig eingekauft in Ribnitz und anschließend nach Wieck und Prerow verbracht, vorbei an den Gendarmen und Zollwächtern, die in Born und in Michaelsdorf saßen.

Der riskanteste Abschnitt dieses Schmuggelweges lag bei Born. Es war üblich, daß den Schmugglern von einer Borner Mühle aus mit Lichtzeichen signalisiert wurde, ob ihr Weg frei sei oder nicht. 1868 traten Mecklenburg wie Pommern dem Norddeutschen Zollverein bei, und fortan war es mit diesem lukrativen Nebengewerbe vorbei. Den Bornern blieb das Land.

Haus in Wieck

Der Darßer is 'ne ganz anner Ort Raaß as hier, ok in de Spraak. Dee halen allens lang ut, dee singen mihr. – De Darßer süngen so – dee hadden so'n langtreckt Spraak. – De Darßer kemen früher ümmer na'n Fischland, üm Bessen tau verköpen! Denn repen se immer so ganz langtoegsch: Beersen tau verköpen! De Kinner paugten ehr dat giern na, un de Deinstdierns ut'n Darß würden ümmer Darßer Beersen heiten.

Natürlich hatten auch die die Darßer Seeleute Spottnamen. De Darßer wieren die Klutenpedders: se güngen so wiwawig, darüm würden se hier in Warnmünd' so nennt. – De Darßer sünd de Knurrenstöters. – Wi säden ok: de Darßer Wulljacken. – Wi säden hier in Wismar, wenn in 'n Frühling de Darßer kemen: dor kamen dee mit de wullen Knooplöcker. – De Darßer würden de Sparlings nennt. Up'n Darß sünd so fürchterlich väl Sparlings. – De Darßer warden Sparlings nennt. Dee drögen so 'ne siden Mützen, so spitz weg mit Schuten; dee würden Sparlingsnester nennt. Burrkaters säden wi ok to de Darßer. Wi hier in Warnmünn' nennen den Sparling 'n Darßer. Dor is 'n Darßer, seggen wi hüt noch. De Sparling is jo so frech.

Richard Wossidlo

PREROW

Prerow liegt am Prerowstrom, und der Prerowstrom war früher eine durchgehende Verbindung zwischen Bodden und offener See, und genau dies behauptet auch der Name Prerow, der wie die meisten anderen Ortsnamen der Region slawischen Ursprunges ist und Durchbruch bedeutet.

Der Prerowstrom ist heute nur noch ein toter Wasserarm, aber anders als andere hiesige Verbindungen zwischen Bodden und Meer, wie der Permin oder der Darßer Kanal, die schon seit dem Hochmittelalter verlandet sind, wurde der Prerowstrom erst im späten 19. Jahrhundert unterbrochen, indem mittels Aufschüttung eine Landverbindung entstand zwischen dem Darß und dem Zingst. Zuvor hatte es da bloß eine Holzbrücke gegeben, und noch früher wurde der Verkehr zwischen den beiden Ufern durch Fährschiffe betrieben. Die Aufschüttung hatte demnach mit der infrastrukturellen Bequemlichkeit zu tun, aber auch mit der Witterung, denn der Damm war gleichermaßen als ein Schutz gegen die hier immer wieder wütenden Sturmfluten der Ostsee gedacht.

Zum letzten Male besuchte ich meinen alten Meister zu Prerow auf dem Darß, einer reichen Pfarrstelle, wohin er von Bodstedt aus befördert war. Auf der Halbinsel Darß und in den Dörfern auf den gegenüberliegenden Küsten wohnt ein schöner, kräftiger Menschenschlag, dessen Gewerbe in der Jugend gewöhnlich das kühne Element des Meeres ist. Als ich im Winter 1817 mit meinem Bruder Karl nach dem Darß hinüber wollte, stießen uns zwei herrliche, schlanke Männer mit langen, eisenbeschlagenen Stangen in fliegenden Schlitten über das spiegelglatte Eis hin, welches damals zwischen dem Festland und der Insel eine Brücke geschlagen hatte. Beide trugen englische Ehrenmünzen, hatten englisches Jahrgeld. Sie hatten auf der »Victory« des Admiral Nelson die Schlacht von Trafalgar mitgemacht.

Ernst Moritz Arndt

Der Ort Prerow entstand auf beiden Ufern des Prerowstroms. Seine Kirche, lange Zeit zuständig auch für sämtliche anderen Gemeinden auf dem Darß, befindet sich, genau besehen, nicht auf dem Darß, sondern auf dem Zingst. Auf dem östlichen Ufer gibt es dann auch noch das älteste historische Siedlungszeugnis von Prerow, dat oll Slat geheißen,

Erkundungen

Prerowstrom

mit korrektem Namen Hertesburg oder Herzburg und heute nicht mehr als ein Erdhügel, der unter Denkmalschutz steht. Er war eine militärische Befestigungsanlage zur Überwachung dieser Wasserstraße, und er war zugleich ein Jagdschloß. Er verwaiste ausgangs des Mittelalters, bis er dann allmählich vollständig zerfiel.

Prerow hatte entsprechend seiner Größe einen besonders nachdrücklichen Anteil an der Segelschiffahrt, obwohl die Ursprünge des Ortes eher mit der Landwirtschaft zu tun hatten und Prerow in seinen Anfängen ein Bauerndorf war. Die ältesten Ortsteile heißen Drümpel (was »Haufen« bedeutet), Krugberg und Krabbenort. Der Krugberg war Sitz des Prerower Schulzen, der zugleich das Schankrecht besaß, und es ist erweislich, daß seine Abgaben ziemlich hoch ausfielen, seine Umsätze also einigermaßen reichlich flossen.

Der relative Wohlstand Prerows im 19. Jahrhundert kam mit der Schiffahrt, und es zeugen davon noch die Kapitänshäuser, deren es mehrere gibt. Das meistbesuchte Bauwerk von Prerow ist aber die Kirche, ältestes und schönstes von allen Gotteshäusern auf dem Darß.

Sie wurde 1726 bis 1728 errichtet, an der Stelle eines früheren Bauwerks, das etwas tiefer stand und deswegen bei Sturmfluten öfter

Prerower Kirche

In der Kirche von Prerow

Seemannsgrabstein in Prerow

Erkundungen

ins Wasser geriet. Die Kirche von Prerow befindet sich, wie schon vermerkt, nicht auf dem Darßer Ufer, sondern auf jenem des Zingst, und dieser Standort wird nun damit erklärt, daß die theologische Versorgung des Ortes von Kloster Hiddensee aus erfolgte, zu dessen Landbesitz der gesamte Zingst einst gehört hat. Der Neubau aus dem 18. Jahrhundert wurde dann an den überhaupt höchsten Flecken von Prerow gesetzt, und nie wieder auch würde sie von den Sturmfluten eingeholt werden.

Die Kirche ist ein Backsteinbau, immer wieder instandgesetzt, das letztemal im Jahre 1985, wobei die heutige Farbgebung auch erst aus jener Zeit stammt: freilich getroffen im Rückgriff auf den ursprünglichen Zustand. Es gibt viel Holz im Inneren: Bänke, Empore, Säulen, Karyatiden. Das Gotteshaus ist also eine Seemannskirche, wofür schon das Bild über dem südlichen Eingang steht, mit einem Anker und mit dieser Inschrift:

Muß gleich mein junger Leib in tiefer See ertrinken,
läßt dieser Anker doch die Seele nie versinken.

Das Bild wurde vom Vater eines dänischen Schiffers angebracht, der nahebei während eines Schiffsunglücks in den Fluten umkam. Auch der Kronleuchter geht auf eine Havarie zurück, diesmal eine, die vergleichsweise glimpflich endete, denn die Schiffsmannschaft wurde von den Prerowern aufgefischt, und zum Dank schenkten die Geretteten dem Ort diesen Leuchter. Von der Kirchendecke hängen außerdem allerlei Schiffsmodelle, während der vergangenen Jahrhunderte von Prerowern gestiftet, als ältestes jene Fregatte, die der nach London ausgewanderte Peter Kraeft geschnitzt und 1780 in die Heimat geschickt hat.

Das Taufgehäuse wird von mehreren hölzernen Gestalten getragen, denen zwar Flügel gewachsen sind, was sie als Engel ausweist, die aber in Ausdruck und Farbgebung ihre nahe Verwandtschaft mit den Galionsfiguren von Segelschiffen nicht verleugnen können. Sie stammen aus der Bildschnitzerwerkstatt von Michael Müller aus Stralsund, ihr Herstellungsjahr ist 1740. Rings um die Kirche, außen, sind dann zahlreiche alte Grabsteine versammelt, von denen viele Nautisches im Dekor zeigen.

Zur Schiffahrt gehörten stets auch die Schiffsunglücke, wie die Prerower Kirche drastisch mitteilen will. Doch hatte der Ort Prerow von solchen Havarien nicht nur Ungemach, immer vorausgesetzt, das Schiff und seine Seeleute stammten nicht aus Prerow. Sonst nämlich war es so, daß angelandetes Schiffsgut denen gehörte, die es fanden und auflasen, und der Umsatz in Prerows Dorfkrug scheint sich durchaus auch dem Prerower Strandgut verdankt zu haben.

DAT BODDERGRIEPEN

Wir schrieben Weihnachten 1931. Die Zahl der Arbeitslosen war ins Endlose gestiegen und die Not im Lande groß. Wilde Stürme brausten tagelang über unsere Insel. Ein harter Nordwest jagte schweres schwarzgraues Gewölk über die Wälder des Darß, über seinen Strand und seine Dörfer. Am wildesten aber ging es am Weststrand zu. In langen Brandungswellen schoß die wilde kochende See weit hinauf in die Dünen und riß Stück um Stück mit hinein in die brodelnde Flut...
Es wurde neblig und das Nebelhorn brüllte auf, daß es den Ohren wehtat. Erst als der fahle Wintermorgen heraufdämmerte, wich der Nebel und nun sahen wir, daß der Dampfer unweit der Küste gestrandet sein mußte. Von gewaltigen Seen überwaschen, hatte er die Notflagge gehißt. Die Menschen auf dem Schiff waren in größter Gefahr. Als die Prerower Rettungsmannschaft eintraf, war schon alles für die Rettungsaktion vorbereitet... Am Strand wimmelte es nun von Menschen, denn wenn der Ruf »Schipp up'n Strand« durch die Darßdörfer schallt, ist keiner mehr zu halten, nicht zuletzt des Strandgutes wegen, und diesmal war allerlei in Aussicht... Als ich zum Strand herunterkam, leuchteten mir aus dem Dunkel merkwürdige Dinge entgegen: mit jeder Welle rollten weißlichgelbliche Kugeln und Würfel, die überall auf dem Wasser tanzten, an Land. Und damit hatte die große Weihnachtsbescherung begonnen, von der wohl noch Generationen berichten werden. Als ich einige Kugeln aufhob, las ich – in dieser Zeit als Fett für arme Leute ein seltener Schatz – auf der Pergamentpapierhülle Aufschriften, wie »Sanella, frisch gekirnt«, »Schwan im Blauband«, »Die gute Rama«. Deubel nochmal, dachte ich, das ist ja eine feine Sache. Plötzlich wurde es sehr lebendig um mich herum. Allerlei dunkle Gestalten huschten zwischen Düne und Strand hin und her und schleppten angetriebene Kisten und Säcke davon... Selten gab es wohl so viele zufriedene Gesichter auf dem Darß wie in diesen Weihnachtstagen 1931. Damals entstand die Bezeichnung vom »Boddergriepen« (Buttergreifen). Und das Schiff hieß nur noch die »Bodder-Helene«.

Theodor Schultze-Jasmer

Erkundungen

Alte Pension in Prerow

Erzählt wird gern die Anekdote von dem verstorbenen Prerower, der Einlaß in den Himmel begehrt, aber zunächst nicht findet, weil schon zu viele Prerower darin sitzen. Da öffnet er ein wenig die Pforte und brüllt: »Schipp up Strand!« Sofort findet er Platz genug, denn die anderen Prerower sind allesamt auf und davon, um nach Strandgut zu suchen.

Die Havarien wurden weniger seit der Einrichtung des Leuchtturms von Darßer Ort. Gänzlich sind sie niemals ausgeblieben, und Prerow hat durchaus viele Verdienste um die Rettung Schiffbrüchiger. Dies verknüpft sich vor allem mit dem Namen des Prerower Kapitäns Johann Niemann, der noch als Siebzigjähriger dreizehn Menschen aus Seenot errettete, und es wird ihm, gleichsam als komplementäre Handlung dazu, außerdem eine große Emsigkeit beim Bergen von Strandgut nachgeredet. Unübertroffen jedenfalls waren sein Mut und sein Einsatz, kenntlich an diesem Ausspruch, den er einmal in Augenblicken höchster Gefahr tat: »Entweder wi halen all, ore wi bliewen all.«

Vieles aus der Geschichte Prerows dokumentiert das Darßmuseum, das sich heute in der Waldstraße 48 befindet. Es ist eine Gründung des zweiten Nachkriegs, entstanden aus kleinen Anfängen und heute voller Exponate zur Natur- und Kulturgeschichte, zur Volkskunde und zur

Kunst, worunter sich zahlreiche Bilder der vorzüglichen Dora Stetter befinden.

Prerow habe den Strand, heißt es im zitierten Dreizeiler. Der Prerower Nordstrand ist in der Tat einer der schönsten, breitesten und ausgedehntesten aller deutschen Ostseebäder, und entsprechend wird er genutzt. Der Badebetrieb von Prerow ist relativ alt, denn er geht zurück schon aufs Jahr 1878 und auf einen Gastwirt aus Prerow namens Hermann Scharmberg, der als erster bei den zuständigen Behörden um die Einrichtung eines Seebades einkam. 1881 wurden dann 231 zahlende Gäste gezählt, aus denen 1910 bereits 3630 geworden waren, und zu DDR-Zeiten zählte man pro Saison um die 80 000.

Es gibt in Prerow Pensionen, Sommerhäuser, Ferienwohnungen, Hotels, und ständig kommen neue hinzu. Die Seebrücke ist, wie ihr Wustrower Geschwister, ein Produkt der Nachwendezeit und wurde aus westdeutschen Fördermitteln bezahlt. Zu ihr hin führt eine kleine Ladenstraße, mit Geschäften für Nützliches und Überflüssiges, für Speisen und Getränke, für Kunst und für Tinnef. Parallel zum Strand verläuft ein Damm, der begrünt ist, auf dem man Radfahren kann und über den sich die Äste von schönen alten Bäumen beugen. Dieser Weg führt hin zum Campingplatz.

Er ist einer der größten an der gesamten Ostseeküste und umfaßt ein riesiges Gelände, das sich bis tief hinein in einen Kiefernwald erstreckt. Der Campingplatz von Prerow hatte in der alten DDR einen geradezu mythischen Ruf, denn er war, entgegen aller stalinistischen Prüderie der frühen Jahre, eine der ehernen Bastionen des Nacktbadens. Als die Staatsmacht hier indizierend eingreifen wollte, wurde ihr nicht etwa nachgegeben, sondern man beging trotzig etwas, das den Namen Kamerun erhielt: eine Art von gigantischer Nackedei-Fête, bei der sich ansonsten brave Bürger des deutschen Arbeiter- und Bauernstaates in Rousseausche Wilde verwandelten. Zu plärrender Musik vom Tonband wurden komische Massentänze zelebriert. Die Staatsmacht sah es, erlahmte und ließ von ihren Zivilisationsbemühungen schließlich ab. Unter Erich Honecker ging es dann auch bald etwas weniger prüde zu als unter seinem Vorgänger Ulbricht. Dem Campingplatz von Prerow blieb sein Mythos als Ort eines Widerstands, der zwar nicht politisch gewesen war, aber sich im Nachhinein ganz gut politisch interpretieren ließ.

Prerower Seebrücke

Außer den unmittelbaren Vergnügungen des Badelebens wird zur Zerstreuung der Zugereisten das Fest des Tonnenschlagens veranstaltet. Hierbei handelt es sich um etwas, das auch in Ahrenshoop und Wustrow betrieben wird, alle Jahre wieder, an einem Sonntag im Hochsommer. Es treten Reiter an, die in örtlichen Vereinen organisiert sind und auf dem Festplatz mit ihren besonderen Fahnen aufziehen, zu dröhnender Blasmusik. Anschließend müssen sie, einer nach dem anderen und immer wieder, mit ihren Tieren einen hölzernen Rahmen durchqueren, von dessen oberem Querbalken an Seilen eine leere Heringstonne herabhängt. Die Reiter müssen aus dem Sattel heraus mit einem Hartholzknüppel gegen die Tonne einen Schlag führen, einer nach dem anderen und immer wieder. Nach ein paar Stunden Prügelei ist von der Tonne nurmehr ein Stückchen Boden übrig, und wer mit seinem Schlag den allerletzten Splitter von der Leine herunterholt, ist Tonnenkönig, wird bejubelt und muß anschließend alle Beteiligten freihalten, was ihn viel Geld kostet.

Der Ursprung dieses etwas derben Vergnügens läßt sich nicht mehr feststellen. Man hat zum Beispiel Slawisches vermutet, doch gibt es ähnliche Bräuche im slawenfernen Dänemark und in Dithmarschen.

Für Vorpommern scheint die Sache noch vergleichsweise jung zu sein, denn das älteste Zeugnis stammt erst von Ernst Moritz Arndt, also vom Anfang des 19. Jahrhunderts. Anfangs durften nur unverheiratete Männer teilnehmen, einen guten Leumund mußten sie außerdem aufweisen, und dies legt die Vermutung nahe, daß wir es ursprünglich wohl mit einem Ritual der Brautwerbung zu tun haben.

ZINGST

Martha Müller-Grählert, geboren 1876, stammte aus Barth, lebte lange als Zeitungsredakteurin in Berlin und eine Zeitlang sogar in Japan, wurde dann aber 1939 in Zingst begraben. Außer dem Journalismus hat sie etwas Heimatschriftstellerei betrieben, und so verfaßte sie 1908 den Text »Mine Heimat«, den später der Komponist Simon Krannig vertont hat und der anhebt mit den Worten »Wenn die Ostseewellen trecken an den Strand...« Aus den Wellen der Ostsee wurden, gegen Frau Müller-Grählerts Absichten, bald jene der Nordsee, und in solcher Fassung war dem Lied schließlich ein hübscher Erfolg beschieden, besonders zu Zeiten der Hitlerei, und daß es sich hier eigentlich und ursprünglich um einen Hymnus auf den Zingst handelte (»Sehnsucht na dat lütte / Kahle Inselland«), wußte und weiß kaum noch einer.

Der Zingst ist zunächst die große Halbinsel jenseits des Prerowstroms. Mit ihrem östlichsten Zipfel liegt sie unmittelbar südlich von Hiddensee, und es sollen Zingst und Hiddensee einst sogar eine geschlossene Landgruppe gewesen sein, über die heutigen Inseln von Großem Werder und Bock verbunden und auseinandergerissen erst durch mehrere große Sturmfluten im Hochmittelalter, von denen sich die entscheidende am 1. November 1304 ereignete. Die Fischer sollen sich noch lange danach an den untergegangenen Baumstümpfen ihre Netze zerrissen haben.

Über die politikgeschichtlichen Ursprünge ist zu sagen, daß Witzlaw II. von Rügen den Zingst 1296 an die Zisterzienser verkaufte, die sofort mit Rodungen anfingen, um eine Kapelle zu errichten. 1441 verkauften sie ihrerseits die Halbinsel an Herzog Barnim von Pommern.

Was das Wort Zingst bedeutet, weiß niemand exakt zu sagen. Man hat das slawische Wort seno bemüht, das Heu bedeutet, und Zingst als Heuort übersetzt. Die Halbinsel war immer sehr dünn besiedelt, es gab die Dörfer Pramort, Sundische Wiese, Müggenburg, Pahlen und Hans-

In Zingst

hagen. Die beiden letzten schlossen sich schon 1823 zur Ortschaft Zingst zusammen, und auch die übrigen Dörfer gehören inzwischen dazu, wobei die alte Ortschaft Zingst erst ein erfolgreicher Hafen für Segelschiffe war, um anschließend, darin ähnlich Prerow, ein erfolgreiches Ostseebad zu werden.

Es gibt in Zingst ein paar bemerkenswerte alte Häuser, etwa die turmlose Dorfkirche, die im vorigen Jahrhundert der Schinkelschüler Stüler erbaut hat. Es gibt außerdem ein hübsches Heimatmuseum, und es gibt inzwischen große Hotel- und Gaststättenunternehmen. Längst wurde ein Deichdamm errichtet gegen die Sturmfluten, mit Durchgängen zu dem schönen Sandstrand hin. Er ist nicht so breit wie der Nordstrand von Prerow, breiter als der Weststrand von Ahrenshoop und Wustrow ist er immerhin, und statt einer Seebrücke erbaute man hier deren zwei.

Zingst ist die sozusagen städtischste von allen Ortschaften auf der Halbinselgruppe, mit breiter Geschäftsstraße und erkennbarem Verwaltungszentrum, und von allen Häfen, die auf den Bodden hinausführen, ist der von Zingst am großzügigsten angelegt und in seiner Ausdehnung am größten. Hier legen außer den üblichen Boddenkreuzschiffen

Fischerkate in Zingst

auch die Dampfer nach Rügen und Hiddensee an, die entsprechend den Wettern, die sie auf freier See antreffen können, besonders groß und stabil sein müssen. Der Zingster Hafen liegt etwas außerhalb des Ortes in einem eigenen Quartier, das sich im Zeichen der Marktwirtschaft mit einer Ferienwohnanlage im Stil der Postmoderne versorgt hat.

Bereits seit dem Jahre 1909 existiert eine Brücke, über die das Festland zu erreichen ist, nämlich der Ort **Bresewitz**, wo es früher einen Hafen für die Fähren nach Zingst gab. Die Straße führt dann weiter bis nach Barth, das dem hier befindlichen Abschnitt des Bodden seinen Namen gab.

Vor Zingst, der Ortschaft, liegt im Bodden die Insel **Großer Kirr**. Dort standen früher zwei Höfe, jetzt ist etwas Ferienbetrieb, der offenbar zunehmen will. Landwirtschaft wurde auch auf der Sundischen Wiese betrieben. Sie gehörte einmal der Stadt Stralsund, und bis in unser Jahrhundert hinein gedieh hauptsächlich Wald auf ihr. Es lebten dort außerdem ein paar Pächter, die sich Vieh hielten und deren Leben immer ziemlich elend war.

1902 verkaufte Stralsund das Gelände an einen Baron von Klot-Trauvetter, der es zwei Jahre später, entsetzt von der hier herrschenden

Gartentür in Zingst

Witterung, an den preußischen Grafen Eulenburg weitergab, Intimus Kaiser Wilhelms II. und Verfasser süßlicher Rosenlieder. Er spekulierte auf eine Verkehrsverbindung durch den Zingst, die nie zustande kam, und so wurde nächster Besitzer der Berliner Zeitungszar Rudolf Mosse. Er wollte Pflanzen zur Zelluloseherstellung anbauen, doch die Sache blieb ohne bedeutendes Resultat. Daraufhin verkaufte er an den Industriellen Hugo Stinnes, der vor allem Bäume abholzen ließ. Es gab daneben Meliorisierungsbemühungen, und Windrotoren wurden aufgestellt, während die alten Pachthöfe, längst verlassen und verfallen, mit staatlichen Stützungsgeldern reaktiviert werden sollten. Schließlich, ab 1937, diente die Sundische Wiese als Übungsgelände für die Bombenabwürfe der reichsdeutschen Luftwaffe Hermann Görings.

In solcher Eigenschaft kam das Gelände über den letzten Krieg. Es wurde jetzt erst einmal ein bißchen Viehfutter angebaut, nämlich durch jenes Gut, das auch die Massentierhaltung in Born betrieb. Honeckers Nationale Volksarmee, als es sie dann gab, ließ auf dem alten Bombengelände ihre Raketen detonieren, und nach der deutschen Vereinigung wollte die Bundeswehr darin fortfahren, worauf es Bürgerproteste hagelte, denn auch der Zingst gehört seit 1990 zum

Alte Feuerwache in Zingst

neugeschaffenen Nationalpark Vorpommersche Boddenlandschaft. Das Bundesverteidigungsministerium zierte sich noch bis zum Herbst 1992, ehe es seine Entscheidung zugunsten der Natur und gegen die Raketen fällte.

Über die weitere Verwendung des Terrains und die dadurch bedingte Veränderung der Sundischen Wiese bis hin nach Pramort und damit des gesamten östlichen Teiles von Zingst, der Insel, herrscht immer noch ein wenig Unklarheit. Das Gelände ist riesig, flach, melancholisch, mit sauren Wiesen, mit Schilf, mit Wasservögeln und mit Möwen. Um die Landwirtschaft steht es übel. Die Böden sind schlecht und unergiebig, die Massentierhaltung stiftete mehr Schaden als sie Gewinne bringen konnte.

Inzwischen kann man sich Fahrräder ausleihen und mit ihnen die Insel erschließen: eine flache eintönige Topographie, deren karge Natur sich von den militärischen Heimsuchungen allmählich etwas erholt. Einzig der Tourismus ist eine verläßliche Größe geblieben, und allein hier kündigen sich auch alle nennenswerten Investitionen an, denn bloß hier liegt die wirklich unbestreitbare ökonomische Zukunft der gesamten Region.

Geschützte Natur

Zu den glücklichsten Taten der untergehenden DDR gehörte die Einrichtung der Nationalparks. Die Wirren des Umbruchs sowie das euphorische Gefühl, auf einer Art Höhepunkt des Zeitgeistes zu agieren, beflügelten jenen Entschluß, der schon ein paar Monate später in dieser Form wohl nicht mehr durchzuführen gewesen wäre, denn die alten Strukturen der Bundesrepublik Deutschland hätten ihn scheitern lassen. So aber kam es zu jenem Gesetz, das den in der alten DDR-Bürgerrechtsbewegung stark repräsentierten Umweltschützern einen verdienten Sieg bescherte und der grünen Bewegung einen der größten Erfolge, den sie überhaupt im deutschsprachigen Raum bis heute zu verzeichnen hat.

Einer der ostdeutschen Nationalparks heißt Vorpommersche Boddenlandschaft. Er beginnt hinter Ahrenshoop und umfaßt die gesamte Wasser- und Uferregion von Saaler, Bodstedter und Barther Bodden bis hin zur Insel Hiddensee.

Als Einrichtung, die sich ihre Regeln erst schaffen mußte, durch internationalen Vergleich ebenso wie durch ständig an der Wirklichkeit orientierte Selbstbestimmung, stieß die Sache zunächst ebenso auf Zustimmung wie auf Gegnerschaft der davon mitbetroffenen Bevölkerung. Der Streit etwa, wie es mit der forstwirtschaftlichen Behandlung das Darßwaldes zu halten sei, ist bis heute nicht endgültig ausgetragen. Vielfach ließ sich auch vernehmen, man habe die Zernierungen und Einzäunungen der alten DDR-Nomenklatura 1989 nicht aufgebrochen, um nun an die anderen Einzäunungen des Nationalparks zu stoßen.

Gleichwohl scheinen die allerärgsten Konflikte mittlerweile beigelegt. Die Nationalparkverwaltung existiert und wird in der Handhabung ihrer Aufgaben zusehends sicherer. Das touristische Argument, das die Exi-

Nationalparkverwaltung in Wieck

stenz eines Nationalparks unter anderem bedeutet, greift zusehends: auch zum ökonomischen Nutzen der einheimischen Bevölkerung. Die Züge der Kraniche, die im Frühjahr und Herbst hier Station machen, locken Ornithologen an, und von denen gibt es in Europa sehr viele. Man hat ihnen eigene Beobachtungstürme errichtet.

Das wahrscheinlich intensivste Erlebnis des Nationalparks Vorpommersche Boddenlandschaft aber vermittelt eine Schiffsrundfahrt, bei der ein ausführlicher Kommentar erfolgt. Die Ausgangshäfen sind Wustrow, Althagen, Born, Prerow und Zingst.

DIE STÄDTE

Wer vom Eiland aus eine größere Stadt aufsuchen mag, um dort möglicherweise einzukaufen oder auch bloß die Kleinteiligkeiten dörflichen Lebens für eine Weile hinter sich zu lassen, begibt sich, wenn er nicht sehr weit fahren will, entweder nach Ribnitz-Damgarten oder nach Barth.

Beide Kommunen waren bis zur Gebiets- und Kreisreform von 1994 Kreisstädte, denen auch die Territorien der Halbinselgruppe administrativ unterstanden. Inzwischen gingen sie dieser Bedeutsamkeit verlustig. Sie fielen dadurch noch etwas stärker in eine weitläufige niederdeutsche Lethargie zurück.

Ribnitz-Damgarten, so hat es den Anschein, konnte diese Situation ein wenig besser bewältigen, irgendwie, und mindestens gilt das für seinen westlichen, den älteren Ortsteil, das ist das mecklenburgische Ribnitz.

Der Ortsname enthält das slawische Wort für Fisch, ryba. Man kann ihn mit »Fischhausen« übersetzen, und man darf außerdem auf wendische Siedlungsursprünge schließen. Gleichwohl gilt das 1210 erstmals erwähnte Rybanitz als eine völlig voraussetzungslose Gründung deutscher Siedler und entstand erst unter der Verantwortung von Herzog Heinrich Borwin III. aus Rostock. 1257 wurde das lübische Stadtrecht erworben, wodurch Handel und Handwerk gestärkt wurden. Bis heute läßt der regelmäßige Verlauf der rechteckig aufeinander zulaufenden Altstadtstraßen eine vorbedachte Planung der gesamten Anlage deutlich erkennen.

1323 wurde das St. Klarenkloster gegründet. Die Klarissinnen, muß man wissen, waren ein weiblicher Bettelorden, der sich unter die Regel des heiligen Franz von Assisi stellte, und ganz entsprechend wurde die

Ribnitz-Damgarten, Rostocker Tor

1393 geweihte Einrichtung eine von bloß bescheidenem Zuschnitt. Ihre Backsteinkirche blieb erhalten und verfügt heute über Zeugnisse aus mehreren Jahrhunderten: Stücke sakraler Kunst, Grabsteine, figürlich gestaltete Tomben. Nach der Reformation sah sich das Kloster dann umgewandelt in ein Stift für Damen des Adels, und deren Wohnhäuser wuchsen anstelle der abgerissenen Wirtschaftsgebäude. Sie sind geblieben. Heute dienen sie musealen Zwecken.

Bei denen handelt es sich außer um allgemein heimatgeschichtliche Sammlungen um eine ausführliche Dokumenation der mittel- und niederdeutschen Vorkommen von Bernstein mitsamt entsprechenden Fundbeispielen, aufbewahrt unter Glas. Es gibt da große Klumpen und zierliche. Es gibt die Einschlüsse von Fliegen und anderen Insekten. Es gibt schließlich den Fischlandschmuck: in Silber gefaßte Steine, zu Kette, Anhänger und Armband geordnet. In Ribnitz hergestellt, wurde das vorwiegend in Wustrow verkauft, die Idee geht zurück auf einen Goldschmied namens Walter Kramer, der in Ribnitz lebte und einer alten lokalen Juwelierssippe entstammte. 1947 tat man ihn ins Gefängnis, und nach seiner Entlassung verließ er das Land Richtung Travemünde. Sein Hundert-Mann-Unternehmen wurde daraufhin sozialistisch.

Ribnitz-Damgarten,
Blick auf den Turm der Stadtkirche

Ribnitz, Blick zum Bernsteinmuseum
im ehem. Klarissinnenkloster

Das Klarissenkloster lag ganz am Rande der mittelalterlichen Stadt-
anlage, deren Zentrum, wie in allen hochmittelalterlichen Stadtgrün-
dungen des deutschen Nordens, bestimmt wurde durch den Markt und
die am Markt befindliche Stadtkirche. Sie trug und trägt, auch dies war
das allgemein übliche, den Namen der Gottesmutter, St. Marien.

Die dreischiffige Hallenkirche steht auf einem Grundriß aus dem 13.
Jahrhundert. Sie erhielt ihre heutige Gestalt nach einem großen Brand
im Jahre 1455. Vieles kam später hinzu, zum Beispiel die neugotische
Turmlaterne, und noch bis in die allerjüngste Zeit hinein ist umfänglich
an dem Bauwerk gearbeitet und restauriert worden, mit durchaus ge-
glückten und recht besehenswerten Ergebnissen besonders im Innenraum.

St. Marien beschließt den sehr großen rechteckigen Marktplatz von
Ribnitz nach Westen hin. Der Kirche genau gegenüber steht das Rat-
haus, ein hübsches, helles, klassizistisches Bauwerk von 1834, der
Baumeister hieß Johann Georg Barca. Der Marktplatz dient gegen-
wärtig vor allem als Parkfläche und Omnibusbahnhof, und lediglich ein
Teil von ihm darf wochentags bestückt werden mit offenen Verkaufs-

ständen, wo es vieles zu kaufen gibt: Obst und Lebensmittel, Süßkram und Plunder.

Fast alle Gebäude rund um den Platz befanden sich bis 1990 in einem Zustand beklagenswerter Hinfälligkeit. Viele sind wieder hergerichtet und ergänzt worden. Eine der Neueinrichtungen heißt Kleine Fischergasse und ist eine jener wieder üblich gewordenen kommerziellen Passagen. Man hat sie mit Fachwerk, Erkern und Figuren versehen. Sie erinnert eher an ein schlecht imitiertes Franken.

Für die Vergangenheit der Stadt Ribnitz steht außerdem und unübersehbar das Rostocker Tor, als der letzte von ursprünglich fünf mittelalterlichen Stadteingängen. Die übrigen sonst noch sichtbaren Reste der alten Wehrbefestigung sind einer eingehenderen Erwähnung nicht wert.

Wenn es nach den Rostockern ginge, so wäre Ribnitz noch das armselige wendische Fischerdorf, das es vor mehr als sieben Jahrhunderten war. Denn immer, wenn sich in Ribnitz der Handel und das geschäftliche Leben ein wenig regten, guckten die Rostocker bald um die Süd-, meistens jedoch um die Nordseite der Rostocker Heidewaldung herum und riefen den armen Ribnitzern drohend zu: »Ruhe dort hinten!« Sie ließen nicht mit sich spaßen – die großen Herren von der Warnow. Als die Ribnitzer sich aber trotzdem nördlich von Swante Wustrow bei Ahrenshoop ein Fenster zur See geöffnet und diese Ausfahrt durch einen Bergfried geschützt hatten, rückten die Hansaleute in gewaltigem Zorn heran, zerbrachen den Turm und vernagelten den Ribnitzern das Fenster, indem sie eine Unmasse gelben Sandes in den Kanal schütteten. Als aber die Ribnitzer später südlich von Wustrow einen Ausweg ins unendliche Meer suchten und auch von Müritz aus Korn nach Lübeck verschifften, da stemmten sich abermals die Rostocker gegen ein solches frevelhaftes Unterfangen und erhoben Klage beim Herzog Ulrich. Und immer, wenn in neuester Zeit unser Boddenstädtchen eine Bahnverbindung mit den Seebädern Müritz und Graal erstrebte, erhob sich wie ein Mann das gesamte Rostock. Da aber der Arm der Hansaleute unendlich viel länger ist als der der Boddenmänner, so konnte er in der Landeshauptstadt mit gewaltigerer Wucht vor Regierung und Landtag auf den Tisch schlagen. Der Erfolg? Seit dem 1. Juli 1925 fährt die Bäderbahn von Rövershagen nach Graal.

Karl Krambeer

Ribnitz-Damgarten, Hafen

Ribnitz war in seiner jüngeren Geschichte nie viel mehr als eine zurückgebliebene, freundliche und etwas schläfrige mecklenburgische Kleinstadt. An der Ausfallstraße nach Körkwitz produzierte bis 1945 ein Rüstungsbetrieb, der Inhaber hieß Bachmann und wurde nach dem Kriegsende enteignet. Später stand hier ein Faserplattenwerk für die Möbelindustrie, das auch über das Jahr 1990 hinweg erhalten blieb, wenn auch in einem stark gefährdeten Zustand.

Ribnitz liegt am linken Ufer der Recknitz. Der Flußverlauf markiert, wir sagten es, die alte Landesgrenze zwischen Mecklenburg und Vorpommern. Die Bundesstraße 105 zwischen Rostock mit Stralsund durchquert Ribnitz, führt über eine Recknitzbrücke und durchläuft später Damgarten, das seit 1950 mit Ribnitz eine gemeinsame Stadt bilden soll.

Die Gemeinsamkeit funktioniert bis heute eher formal. Urbanistisch sind die beiden Teile noch längst nicht zusammengewachsen, denn zwischen den zwei Zentren liegt eine Entfernung von drei Kilometern und allerlei leerer Raum. Da Vorpommern stets ärmer gewesen ist als Mecklenburg, meint man bei der Reise von Ribnitz nach Damgarten auch ein gewisses Zivilisationsgefälle wahrnehmen zu können, und außer einer Pfarrkirche aus der Zeit um 1300 verfügt Damgarten über wenig erhebliche Bauhistorie. Ohnehin bleibt die stärkste Attraktion der gesamten Stadt ihre natürliche Lage direkt am Saaler Bodden, mit dem hübschen Ribnitzer Hafen für Sportboote und Ausflugsdampfer, mit dem überaus anmutigen Blick hinaus aufs blanke Wasser und hinüber zum Fischland und zum Darß.

Barth befindet sich ähnlich. Da es in Vorpommern liegt, geht es hier ein wenig ärmlicher zu. Die Stadt an dem Fluß Barthe ist wie Ribnitz eine

Am Hafen von Barth

Gründung des Hochmittelalters und steht an der Stelle einer 1276 geschleiften Wendenburg. Barth besaß einmal ein Pommernschloß. 1733, also unter schwedischer Herrschaft, wurde es abgerissen, um einem als Bauwerk heute noch erhaltenen barocken Adelsstift Platz zu machen.

Der Marktplatz ist sehr rechteckig, wie jener von Ribnitz. Es gibt ein paar alte Straßen. Die Stadtmauer hatte früher vier Eingänge, von denen einer erhalten blieb, das Dammtor. Außerhalb der Mauern befand sich die Spitalkapelle St. Jürgen, von der heute nur noch ein paar besehbare Reste stehen.

Die Marktkirche hieß wie üblich nach St. Marien und ist ein großer Backsteinbau. In ihre heutige Form hat sie der Schinkeladept Friedrich August Stüler gebracht. Im Langhaus hängen zwei Kronleuchter von Domenicus Slodt, die Herzog Bogislaw XIII. im Jahr 1589 stiftete. Der Sitz seiner Herrschersippe war eigentlich Wolgast, doch Bogislaw zog es vor, in Barth zu wirken, was der Stadt etliche Vorteile bescherte.

So gründete er auch eine Druckerei, wo dann 1588 die berühmte Barther Bibel entstand: plattdeutsche Übersetzung von Luthers hochdeutschem Text, gedruckt im Quartformat und mit einhundert Holzschnitten, mehrere davon illuminiert. Ein Exemplar befindet sich noch

Barth, Turm der Stadtkirche St. Marien

am Ort, in der Barther Kirchen-
bibliothek, deren Bestände insgesamt 4000 Bände umfassen, und
der älteste und wohl auch kost-
barste unter ihnen ist die Hand-
schrift eines Breviers aus der Zeit
um 1250.

Die andere Blüteperiode von
Barth fällt dann ins 19. Jahrhundert. Da existierten am Ort gleich
vier Werften für Segler, und eine
Zeitlang galt Barth als zweitwich-
tigste Seefahrersstadt im gesamten Königreich Preußen: 1877
gehörten in ihren Hafen 172 See-
schiffe, vier Küstenschiffe und ein
Dampfer, der aber, wie überall an
der Ostseeküste, schon der Vor-
bote eines gründlichen nautischen
Niedergangs war.

Die Stadt legte sich ein wenig Industrie zu. Ein Flugplatz entstand,
und zu Zeiten der DDR profitierte Barth vom militärischen Betrieb auf
dem Zingst, was nach 1990 dann jählings abbrach. Barth zählt heute
zehntausend Seelen und träumt, was bleibt, vom sanften Tourismus.

Die Stadt wirkt am hübschesten bei Dampferfahrten auf dem Bodstedter Bodden, wenn ihre Türme, St. Marien und Dammtor, in den
hohen Himmel wachsen, zusammen mit den Schäften der zahlreichen
Windrotoren, die sich hier wie sonst an der Küste immer reichlicher
drehen, hinter Flachwasser und Bülten, das sind die kleinen Schilfinseln
im Bodden.

Nicht ohne ironischen Doppelsinn liest sich da eine Strophe aus dem
Ostseelied der aus dem nahen Zingst stammenden Dichterin Martha
Müller-Grählert:

Woll hett mi dat Leben dit Verlangen stillt,
Hett mi allens geben, wat min Hart erfüllt,
Allens is verwunden, wat mi quäl un drew,
Heww nu Freden funden – doch de Sehnsucht blew.

Erkundungen

ADRESSENVERZEICHNIS

18347 OSTSEEBAD DIERHAGEN

Information

Kurverwaltung
Information und Zimmervermittlung
Waldstraße 4
Tel. 038226–201, Fax 038 226–80 466

Fremdenverkehrsverein e.V.
Strandstraße 6
Tel. 038 226–802 11

Unterkunft

Haus »Am Moor«
Peter-Jahnke-Straße 3
Dierhagen-Strand
Tel. 038 226–802 11 u. 265

Hotel »An de See«
Zwischen den Kiefern 1
OT Neuhaus
Tel. 038 226–803 81, Fax 038 226–803 91

Hotel »Blinkfuer«
An der Schwedenschanze 20
OT Dierhagen-Ost
Tel. 038 226–803 84, 803 85, 803 86
Fax 038 226–803 92

Hotel »Käppn Brass«
Wiesenweg 1
Dierhagen-Ost
Tel. 038 226–291, Fax 038 226–294

Pension »Werth's Hof«
Neue Straße 6
Tel. 038 226–5080

Pension »Haus Windhook«
Amselweg 4
Tel. 038 226–805 71, Fax 038 226–804 94

Pension »Zur Ostsee«
Mittelweg 1
Tel. 038 226–271

Reiten

Reiterhof Neuhaus
Jörg Erzmoneit
Boddenweg 15
Tel. 038 226–801 73

18347 OSTSEEBAD WUSTROW

Information

Kurverwaltung und Zimmervermittlung
Strandstraße 10
Tel. 038 220–251, Fax 038 220-253

Unterkunft

Hotelschiff »Stinne«
Am Kuhleger , Tel. 038 220–336

Ostseehotel »Wustrow«
Fischländer Weg 35
Tel. 038 220–6250, Fax 038 220–294

»Schifferwiege«
Karl-Marx-Straße 20
Tel./Fax 038 220–803 36

Ferienwohnungen »Hof Konow«
Barnstorf Hufe II
Tel. 038 220–6030, Fax 038 220–605 47

Service

Altes Wustrower Haus

Kunst

Galerie & Malschule
»H.U. Gravenhorst«
Norderstraße 7
Tel. 038 220–805 60

Sport

Surfcenter Wustrow
Am Windrad

Tennisanlage
O. Simon
Am Norderfeld 14
Tel. 038 220–801 97

Fahrradverleih

Fahrrad-Schröder
Lindenstraße 17
Tel. 038 220–803 40, 809 05

18347 OSTSEEBAD AHRENSHOOP

Information

Kurverwaltung
Kirchnersgang 2
Tel. 038 220–234, Fax 038 220–300

Unterkunft

Hotelpension »Möwe«
Schifferberg 16/17
Tel. 038 220–806 16 u. 608-0, Fax 038 220–806 16

Travel Charme Hotel »Haus am Meer«
Dorfstraße 36
Tel. 038 220–808 16, Fax 038 220–806 10

Landhaus »Susewind«
OT Niehagen, Bauernreihe 4a
Tel. 038 220–800 73

Pension »Namenlos« & »Haus Bergfalke«
Schifferberg 2
Tel. 038 220–801 56, Fax 038 220–803 83

Pension »Haus Nordlicht«
Dorfstraße 34
Tel. 038 220–807 76

Pension »Charlottenhof«
Grenzweg 2
Tel. 038 220–302

Pension »Räucherhaus«
OT Althagen, Am Hafen
Tel. 038 220–461

Pension »Am Hafen«
OT Althagen, Hafenweg 2
Tel. 038 220–806 04, Fax 038 220–801 39

Buchladen

Bunte Stube
Dorfstraße 24, Tel. 038 220–238

Ahrenshoop, ehemaliger Kindergarten

Fahrradverleih

Giselow
Dorfstraße
Tel. 038 220–806 17

Reiten

Reiterhof Völkner
OT Althagen
Hauptstraße
Tel. 038 220–212

18375 BORN

Information

Kurverwaltung Born / Darß
Zimmervermittlung
Chausseestraße 75
Tel. 038 234–208, Fax 038 234–280

Seebrücke in Prerow

Unterkunft

Appartementhaus und Restaurant
»Zum Weißen Hirsch«
Chausseestraße 28

Pension »Am Koppelstrom«
Chausseestraße 11
Tel. 038 234–367

Pension »Boddenperle«
Im Moor 13
Tel. 038 234–241

Haus »Am Bodden«
Chausseestraße
Tel. 038 234–255

Haus »Seezeichen«
Im Moor 3a
Tel. 038 234–372
Fax 038 234–303 62

Service

Fahrradverleih

Neumanns Fahrradshop
Im Moor 2
Tel. 038 234–272

Reiten

Reiterhof Kafka
Im Moor 17
Tel. 038 234–249

Kultur

Sommertheater
Die Kleinkunstbühne auf dem Darß
Chausseestraße 75
Tel. 038 234–208

18375 OSTSEEBAD PREROW

Information

Kurbetrieb und Zimmervermittlung
Gemeindeplatz 1
Tel. 038 233–551, Fax 038 233–227

Unterkunft

Travel Charme Hotel »Bernstein«
Buchenstraße 42
Tel. 038 233–64-0
Fax 038 233–329

»Haus hinter den Dünen«
Bernsteinweg 6
Tel. 038 233–292
Fax 038 233–784

Haus »Kresse«
Hülsenstraße 29
Tel. 038 233–238

Strand von Prerow

Appartmenthaus »Darß«
Hafenstraße 35d
Tel./Fax 038 233–600 06

Pension und Restaurant »Voß«
Villenstraße 6
Tel. 038 233–37, Fax 038 233–601 38

Gasthof »Wachsmuth«
& Restaurant »Schipperstuf«
Mühlenstraße 4
Tel. 038 233–255 oder 60 165

Fahrradverleih

Fahrradverleih Wiedner
Grüne Straße 2b
Tel. 038 233–601 87

Fahr-Rad Wittenburg
Bebelstraße 18
Tel. 038 233–760

Reiten

Reitverein »Einheit« e.V.
Langseer Weg 28
Tel. 038 233 – 602 92

Reiterhof Jennerjahn
Mühlenstraße 13
Reitplatz Bergstraße
Tel. 038 233 – 601 60

Tennis

Tennisplatz am Hauptübergang
Informationen im Informationskiosk
am Hauptübergang

Kultur

Kulturkaten »Kiek in«
Kleinkunst im Kapitänshaus
Ausstellungen, Veranstaltungen
Waldstraße 42
Tel. 038 233 – 751

Museum

»Darß Museum«
Waldstraße 48
Tel. 038 233 – 750
Mai–Sept. tgl. 9–17 Uhr, Okt.–Mai tgl. 9–16 Uhr

18375 WIECK / DARSS

Information

Kurverwaltung
Information und Zimmervermittlung
Bliesenrader Weg 2
Tel. / Fax 038233–201

Unterkunft

Hotel »Haferland«
Bauernreihe
Tel. 038 233 – 680, Fax 038 233 – 682 20

Pension »Teekaten«
Brake 5
Tel. 038 233–601 51

Fahrradverleih

Fahrradverleih Kowalewski
Borner Weg 2
Tel. 038 233–602 71

18374 OSTSEEBAD ZINGST

Information

Kurverwaltung Zingst
Zimmervermittlung
Klosterstraße 21
Tel. 038 232–815 21, Fax 038 232–815 25

Zingster Zimmerbörse
Boddenhörn 8
Tel./Fax 038 232–1408

Unterkunft

Pension »Abendland«
Bahnhofstraße 1c
Tel. 038 232 643 o. 693, Fax 038 232–800 09

Hotel-Pension »Ostseeklause«
Seestraße 1b, Tel. 038 232–243

Pension »Am Strand«
Birkenstraße 21
Tel. 038 232–228, 600, 601, 602, Fax 038 232–603

Hotel »Marks«
Jordanstraße 7
Tel. 038 232–801 74, Fax 038 232–801 75

Pension »Darß«
Friedensstraße 6
Tel. 038 232–470, Fax 038 231–2529

Pension »Rheinland«
Birkenstraße 3
Tel. 038 232–250

Pension »Meeresrauschen«
Seestraße 3
Tel. 038 232–1301, 801 82, Fax 038 232–801 84

»Kranichhof Insel Kirr« (im Nationalpark)
Tel. 038 232–446, 543, Fax 038 232–800 07

Fahrradverleih

Fahrradverleih Annemarie Luft
Post-Platz, Tel./Fax 038 232–801 43

Fahrradverleih Oswald
Lindenstraße 12

Museum

Heimatmuseum
Strandstraße 19
Tel. 038 232–561

18356 BARTH

Information

Stadtinformation und Zimmervermittlung
Markt 3–4
Tel. 038 231–24 64

Unterkunft

Hotel »Stadt Barth«
Lange Straße 60
Tel. 038 231–22 50

»Pommernhotel Barth«
Divitzer Weg 2
Tel. 038 231–82000, Fax 038 231–820 06

Pension »Rotfuchs«
Badstüberstraße 11
Tel. 038 231–68 20, Fax 038 231–682 44

18356 BRESEWITZ

Information

Touristischer Verkehrsverein Südliche Boddenküste e.V.
18356 Bodstedt
Am Sportplatz
Tel./Fax 038 231–42 01

Unterkunft

Pension »Boddenblick«
Am Brink 53 a
Tel. 038 231–817 58, Fax 038 231–817 61

Hotel martens
Dorfstraße 28, Tel. 038 231–34 31

18311 RIBNITZ-DAMGARTEN

Information

Stadtinformation
Am Markt 1
Tel. 038 21–22 01, 89 34 83

Unterkunft

Hotel »Zum Bodden«
Lange Straße 54, Tel. 038 21–2364, 5621

»Perle am Bodden«
Fritz-Reuter-Straße 14–15
Tel. 038 21–2148, Fax 038 21–811 846

»Waldschlößchen«
OT Freudenberg, Marlower Straße 14 b
Tel. 038 21–811 316

Museen

Bernsteinmuseum
Im Kloster 1–2, Tel. 038 21–29 31

Freilichtmuseum
Ortsteil Klockenhagen
Tel. 038 21–27 75

ORTSREGISTER

A

Ahrenshoop, Ostseebad   18–19, 52–57, 77–78, 110–111
Althagen   30, 38, 44, 45, 78, 100
Altheide   13

B

Barnsdorf   30
Barth   76–77, 92–100, 104–106, 117
Bliesenrade   65, 84
Born   63, 78–83, 100, 111–113
Bresewitz   96, 118

D

Dändorf   25–27
Dierhagen, Ostseebad   25–28, 107–108

F

Fulge   44

K

Kirchdorf   30
Klockenhagen   15–16, 15–18, 39, 119
Körkwitz   20

N

Niehagen   30, 38, 44, 45

P

Prerow, Ostseebad   39, 86–94, 100, 113–115

R

Ribnitz-Damgarten   100–104, 118

W

Wieck   65, 83–84, 115–116
Wustrow, Ostseebad   29–38, 100, 108–109

Z

Zingst, Ostseebad   94–100, 116–117

**Weitere Reiseführer über die norddeutsche
Küstenregion aus unserer Rund-um-Reihe:**

Kerstin Wuchenauer / Henrik Jeep
Rund um Usedom
2. akt. u. erw. Aufl. 1995, Br. 167 S., 3-89541-106-X

Henning Sietz
Rund um Wismar und Rostock
1996, Br. ca. 240 S., 3-89541-117-5

Wolfgang Kling
Rund um Mecklenburgs Seen
2. akt. u. erw. Aufl. 1994, Br. 210 S., 3-923024-68-1

Henning Sietz
Rund um Hamburg
1995, Br. 225 S., 3-923024-69-X

Fordern Sie unverbindlich unser Gesamtprogramm an!

SCHELZKY & JEEP • **Fidicinstraße 29** • **D–10965 Berlin**